Schriftenreihe

des Bundesbeauftragten für
Wirtschaftlichkeit in der Verwaltung

Band 9

Bericht

zu den Finanzbeziehungen zwischen Bund und Ländern

Mischfinanzierungen nach Art. 91a, 91b
und 104a Abs. 4 Grundgesetz

Verlag W. Kohlhammer

Alle Rechte vorbehalten
Herausgeber: Präsident des Bundesrechnungshofes als Bundesbeauftragter für
Wirtschaftlichkeit in der Verwaltung, 53048 Bonn
Herstellung: Druckerei Plump OHG, Rheinbreitbach
Verlag: W. Kohlhammer GmbH, Stuttgart
Printed in Germany 2002
ISBN 3-17-017993-4

Vorwort

Über den deutschen Föderalismus wird allenthalben nachgedacht. Dabei stellt ihn keine Seite als bewährtes Grundgerüst unseres Staatsaufbaus infrage. Seine konkrete Ausprägung wird jedoch von unterschiedlichen Standpunkten aus diskutiert. Weitestgehende Einigkeit besteht darüber, dass Bürgerinnen und Bürger Anspruch darauf haben, konkret feststellbare Entscheidungen der von Ihnen legitimierten Mandatsträger auf Kommunal-, Landes- und Bundesebene an transparenten Maßstäben und Verantwortlichkeiten messen zu können.

Der vorliegende Bericht befasst sich mit einem Teilbereich des Föderalismus - dem Zusammenwirken und der gemeinsamen Finanzierung bei der Erledigung staatlicher Aufgaben im Rahmen der Gemeinschaftsaufgaben nach Art. 91a und Art. 91b Grundgesetz sowie der Finanzhilfen nach Art. 104a Abs. 4 Grundgesetz. Hier, wo Planung und Entscheidungsprozesse, Haushaltsaufstellung und -ausführung, Maßnahmenevaluation und Finanzkontrolle bund-/länderübergreifend miteinander verknüpft sind, zeigen sich Vorzüge und Nachteile unserer föderalen Finanzverfassung besonders deutlich. Der Bericht will für die aktuelle Diskussion über eine Reform des geltenden Systems einige aus langjähriger Prüfungserfahrung des Bundesrechnungshofes gewonnene Überlegungen einbringen. Er kommt dabei zu dem Ergebnis, dass Mischfinanzierungen in der Praxis vielfältige Probleme aufwerfen können und daher grundsätzlich überdacht werden müssen. Nicht alle Argumente werden dabei die ungeteilte Zustimmung aller Betroffenen erfahren. Wenn dieser Bericht allerdings dazu beiträgt, die sachlichen Grundlagen der notwendigen Diskussion zu diesem Thema zu verdeutlichen, hat er seinen Zweck erreicht.

Mein Dank gilt allen, die an der Erstellung mitgewirkt haben, insbesondere Herrn Ministerialrat als Mitglied des Bundesrechnungshofes Pfost und den Herren Regierungsdirektoren Franz und Wlasak.

Bonn, im Dezember 2002

Prof. Dr. Dieter Engels
Präsident des Bundesrechnungshofes als
Bundesbeauftragter für Wirtschaftlichkeit
in der Verwaltung

Hauptgliederung

Vorwort

0 Zusammenfassung der wesentlichen Ergebnisse

1 Vorbemerkung

2 Gemeinschaftsaufgaben (Art. 91a, 91b GG) und Finanzhilfen (Art. 104a Abs. 4 GG) - Entwicklung und Rechtsgrundlagen

3 Gemeinschaftsaufgabe „Ausbau und Neubau von Hochschulen einschließlich der Hochschulkliniken" (Art.91a Abs. 1 Nr. 1 GG) - tatsächliche Gegebenheiten

4 Gemeinschaftsaufgabe „Verbesserung der regionalen Wirtschaftsstruktur" (Art. 91a Abs. 1 Nr. 2 GG) - tatsächliche Gegebenheiten

5 Gemeinschaftsaufgabe „Verbesserung der Agrarstruktur und des Küstenschutzes" (Art. 91a Abs. 1 Nr. 3 GG) - tatsächliche Gegebenheiten

6 Gemeinschaftsaufgaben „Bildungsplanung" und „Forschungsförderung" (Art.91b GG) - tatsächliche Gegebenheiten

7 Finanzhilfe nach Art. 104a Abs. 4 GG „Städtebauförderung" - tatsächliche Gegebenheiten

8 Finanzhilfe nach Art.104a Abs. 4 GG „Wohnungsbauförderung" - tatsächliche Gegebenheiten

9 Übergreifende Bewertungen und Empfehlungen zu den Gemeinschaftsaufgaben und Finanzhilfen

10 Besondere Bewertungen und Empfehlungen zur Gemeinschaftsaufgabe „Hochschulbau"

11 Besondere Bewertungen und Empfehlungen zur Gemeinschaftsaufgabe „Regionale Wirtschaftsstruktur"

12	Besondere Bewertungen und Empfehlungen zur Gemeinschaftsaufgabe „Agrarstruktur und Küstenschutz"
13	Besondere Empfehlungen und Bewertungen zu den Gemeinschaftsaufgaben „Bildungsplanung" und „Forschungsförderung"
14	Besondere Bewertungen und Empfehlungen zu den Finanzhilfen „Städtebauförderung" und „Wohnungsbauförderung"
15	Schlusswürdigung der Mischfinanzierung
16	Anhang: Stellungnahmen der Bundesministerien

		Seite
Inhaltsverzeichnis		
Vorwort		2
Hauptgliederung		4
Inhaltsverzeichnis Seite		6
Abkürzungsverzeichnis		12
0	**Zusammenfassung der wesentlichen Ergebnisse**	15
1	**Vorbemerkung**	24
2	**Gemeinschaftsaufgaben (Art. 91a, 91b GG) und Finanzhilfen (Art. 104a Abs. 4 GG) - Entwicklung und Rechtsgrundlagen**	28
2.1	Kompetenzverteilung des Grundgesetzes	28
2.2	Ziel der Finanzreform 1969	28
2.3	Gemeinschaftsaufgaben nach Art. 91a GG	30
2.4	Gemeinschaftsaufgaben nach Art. 91b GG	30
2.5	Finanzhilfen nach Art. 104a Abs. 4 GG	31
2.5.1	Zielsetzung	31
2.5.2	Grenzen	32
2.5.3	Grund- und Verwaltungsvereinbarungen	33
3	**Gemeinschaftsaufgabe "Ausbau und Neubau von Hochschulen einschließlich der Hochschulkliniken" (Art. 91a Abs. 1 Nr. 1 GG) - tatsächliche Gegebenheiten**	35
3.1	**Allgemeines**	35
3.1.1	Rechtsgrundlagen und Ziele	35
3.1.2	Mittel des Bundes	36
3.2	**Verfahrensbeteiligte**	37
3.2.1	Bundesministerium für Bildung und Forschung sowie Bundesministerium der Finanzen	37
3.2.2	Planungsausschuss	37
3.2.3	Wissenschaftsrat und Deutsche Forschungsgemeinschaft	38
3.2.4	Ministerien der Länder	38
3.3	**Verfahren**	39
3.3.1	Funktion und Aufstellung des Rahmenplanes	39

3.3.2	Durchführung des Rahmenplans	40
4	**Gemeinschaftsaufgabe „Verbesserung der regionalen Wirtschaftsstruktur" (Art. 91a Abs. 1 Nr. 2 GG) - tatsächliche Gegebenheiten**	**42**
4.1	**Allgemeines**	**42**
4.1.1	Rechtsgrundlagen und Ziele	42
4.1.2	Mittel des Bundes	43
4.2	**Verfahrensbeteiligte**	**44**
4.2.1	Bundesministerium für Wirtschaft und Technologie und Bundesministerium der Finanzen	44
4.2.2	Planungsausschuss	45
4.2.3	Ministerien der Länder	45
4.2.4	Europäische Kommission	45
4.3	**Verfahren**	**46**
4.3.1	Funktion und Aufstellung des Rahmenplans	46
4.3.2	Durchführung des Rahmenplans	48
4.4	**Wirtschaftsstrukturförderung durch die Europäische Gemeinschaft**	**49**
4.5	**Investitionsförderung außerhalb der Gemeinschaftsaufgaben und der EG-Strukturfonds**	**52**
4.6	**Erfolgskontrolle und Zielerreichung**	**53**
5	**Gemeinschaftsaufgabe „Verbesserung der Agrarstruktur und des Küstenschutzes" (Art. 91a Abs. 1 Nr. 3 GG) - tatsächliche Gegebenheiten**	**55**
5.1	**Allgemeines**	**55**
5.1.1	Rechtsgrundlagen und Ziele	55
5.1.2	Mittel des Bundes	56
5.2	**Verfahrensbeteiligte**	**57**
5.2.1	Bundesministerium für Verbraucherschutz, Ernährung und Landwirtschaft und Bundesministerium der Finanzen	57
5.2.2	Planungsausschuss	58
5.2.3	Ministerien der Länder	58
5.2.4	Europäische Kommission	58
5.3	**Verfahren**	**58**
5.3.1	Funktion und Aufstellung des Rahmenplans	58
5.3.2	Durchführung des Rahmenplans	61

5.4	Agrarstrukturförderung durch die Europäische Gemeinschaft	62
5.5	Erfolgskontrolle und Zielerreichung	63
6	**Gemeinschaftsaufgaben „Bildungsplanung" und „Forschungsförderung" (Art. 91b GG) - tatsächliche Gegebenheiten**	**65**
6.1	**Allgemeines**	**65**
6.1.1	Rechtsgrundlagen und Ziele	65
6.2	**Verfahrensbeteiligte**	**65**
6.2.1	Bundesministerium für Bildung und Forschung und Bundesministerium der Finanzen	65
6.2.2	Ministerien der Länder	66
6.2.3	Weitere beteiligte Stellen	66
6.3	**Hochschulprogramme**	**67**
6.3.1	Ausgangslage	67
6.3.2	Laufende Programme	68
6.3.3	Durchführung der Programme	70
6.4	**Förderung von Forschungseinrichtungen**	**70**
6.4.1	Allgemeines	70
6.4.2	Großforschungseinrichtungen (GFE)	71
6.4.2.1	Allgemeines	71
6.4.2.2	Finanzierung	72
6.4.2.3	Erfolgskontrolle und Zielerreichung	73
6.4.3	Blaue-Liste-Einrichtungen (BLE)	75
6.4.3.1	Allgemeines	75
6.4.3.2	Finanzierung	76
6.4.3.3	Erfolgskontrolle und Zielerreichung	78
7	**Finanzhilfe nach Art. 104a Abs. 4 GG „Städtebauförderung" - tatsächliche Gegebenheiten**	**79**
7.1	**Allgemeines**	**79**
7.1.1	Rechtsgrundlagen und Ziele	79
7.1.2	Mittel des Bundes	81
7.2	**Verfahrensbeteiligte**	**82**
7.2.1	Bundesministerium für Verkehr, Bau- und Wohnungswesen und Bundesministerium der Finanzen	82
7.2.3	Bauministerkonferenz (ARGEBAU)	82

7.2.4	Ministerien der Länder	83
7.3	**Verfahren**	**83**
7.3.1	Aufstellung der Verwaltungsvereinbarung und des Bundesprogramms	83
7.3.2	Durchführung der Verwaltungsvereinbarung	84
7.3.3	Erfolgskontrolle und Zielerreichung	85
8	**Finanzhilfe nach Art. 104a Abs. 4 GG „Wohnungsbauförderung" - tatsächliche Gegebenheiten**	**87**
8.1	**Allgemeines**	**87**
8.1.1	Rechtsgrundlagen und Ziele	87
8.1.2	Mittel des Bundes	88
8.2	**Verfahrensbeteiligte**	**90**
8.2.1	Bundesministerium für Verkehr, Bau- und Wohnungswesen und Bundesministerium der Finanzen	90
8.2.2	Bauministerkonferenz (ARGEBAU)	90
8.2.3	Ministerien der Länder	90
8.3	**Verfahren**	**90**
8.3.1	Aufstellung der Verwaltungsvereinbarung	90
8.3.2	Durchführung der Verwaltungsvereinbarung	91
8.3.3	Erfolgskontrolle und Zielerreichung	92
9	**Übergreifende Bewertungen und Empfehlungen zu den Gemeinschaftsaufgaben und Finanzhilfen**	**93**
9.1	**Allgemeine Kritik der Mischfinanzierung**	**93**
9.1.1	Instrumentarium	93
9.1.2	Komplexität der Mischfinanzierung	96
9.1.3	Gemeinschaftsaufgaben nach Art. 91a GG	96
9.1.3.1	Erfolgskontrolle und Zielerreichung	97
9.1.3.2	Inflexibles Instrumentarium	99
9.1.4	Gemeinschaftsaufgaben nach Art. 91b GG	101
9.1.5	Finanzhilfen	101
9.1.6	Verflechtungen mit EG-Programmen und -Mitteln	103
9.2	**Einzelne Problemkreise**	**104**
9.2.1	Bürokratisierung und Kosten des Verwaltungsverfahrens	105
9.2.2	Verantwortlichkeit von Gebietskörperschaften und deren Organen	106
9.2.3	Fehlallokation von Ressourcen und eingeschränkte Wirtschaftlichkeit	108

9.2.4	Budgetrecht der Parlamente	109
9.2.5	Finanzkontrolle	111
9.3	**Allgemeine Schlussfolgerungen**	**112**
9.3.1	Änderungen bei Art. 91a GG	112
9.3.2	Entflechtung der Finanzierung bei Art. 91b GG	114
9.3.3	Nutzung des Art. 104a Abs. 4 GG	114
10	**Besondere Bewertungen und Empfehlungen zur Gemeinschaftsaufgabe „Hochschulbau"**	**115**
10.1	**Erfolgskontrolle und Zielerreichung**	**115**
10.2	**Einfluss auf die Hochschulplanung**	**115**
10.3	**Empfehlungen**	**117**
11	**Besondere Bewertungen und Empfehlungen zur Gemeinschaftsaufgabe „Regionale Wirtschaftstruktur"**	**119**
11.1	**Erfolgskontrolle und Zielerreichung**	**119**
11.2	**Koordinierung von Bund und Ländern**	**120**
11.3	**Empfehlungen**	**121**
12	**Besondere Bewertungen und Empfehlungen zur Gemeinschaftsaufgabe „Agrarstruktur und Küstenschutz"**	**123**
12.1	**Erfolgskontrolle und Zielerreichung**	**123**
12.2	**Überdenken der Gemeinschaftsaufgabe**	**124**
13	**Besondere Bewertungen und Empfehlungen zu den Gemeinschaftsaufgaben „Bildungsplanung" und „Forschungsförderung"**	**127**
13.1	**Allgemeines**	**127**
13.2	**Hochschulprogramme**	**128**
13.2.1	Vorliegen eines Bundesinteresses	128
13.2.2	Trennung der Finanzierungszuständigkeiten	128
13.3	**Forschungsförderung**	**130**
13.3.1	Allgemeines	130
13.3.2	Großforschungseinrichtungen	130
13.3.2.1	Flexibilisierung der Forschung	130
13.3.2.2	Änderung der Finanzierungsform	131
13.3.3	Blaue-Liste-Einrichtungen	133
13.3.3.1	Flexibilisierung der Forschung	133

13.3.3.2 Änderung der Finanzierungsform — 134

14 Besondere Bewertungen und Empfehlungen zu den Finanzhilfen „Städtebauförderung" und „Wohnungsbauförderung" — 136

14.1 Allgemeines — 136
14.2 Einwirkung des Bundes auf Landesaufgaben — 136
14.3 Finanzhilfen als Dauerleistung — 138
14.4 Erfolgskontrolle und Zielerreichung — 139
14.5 Einstellen der Finanzhilfen — 140

15 Schlusswürdigung der Mischfinanzierung — 143

16 Anhang: Stellungnahmen der Bundesministerien — 145

16.1 Auszug aus der Stellungnahme des Bundesministeriums der Finanzen vom 27. 02. 02 (V A 1 - FV 1120 - 47/01) — 145

16.2 Auszug aus der Stellungnahme des Bundesministeriums der Finanzen vom 13.08.02 (ohne Aktenzeichen) — 146

16.3 Auszug aus der Stellungnahme des Bundesministeriums für Wirtschaft und Technologie vom 29. 07. 02 (I C 1 70 03 92 / 17) — 147

16.4 Auszug aus der Stellungnahme des Bundesministeriums für Verbraucherschutz, Ernährung und Landwirtschaft vom 10.09.02 (113-0709-2/253) — 165

16.5 Auszug aus der Stellungnahme des Bundesministeriums für Bildung und Forschung vom 28.10.02 (ohne Aktenzeichen) — 172

16.6 Auszug aus der Stellungnahme des Bundesministeriums für Verkehr, Bau - und Wohnungswesen vom 23.07.02 (Z 24/06.80.26-03/2449/02) — 173

Abkürzungsverzeichnis

AFP	Agrarinvestitionsförderungsprogramm
BAFA	Bundesamt für Wirtschaft und Ausfuhrkontrolle
BauGB	Baugesetzbuch
BHO	Bundeshaushaltsordnung
BLE	Blaue-Liste-Einrichtung(en)
BLK	Bund-Länder-Kommission für Bildungsplanung und Forschungsförderung
BMA	Bundesministerium für Arbeit und Sozialordnung*)
BMBF	Bundesministerium für Bildung und Forschung
BMF	Bundesministerium der Finanzen
BMI	Bundesministerium des Innern
BMJ	Bundesministerium der Justiz
BMVEL	Bundesministerium für Verbraucherschutz, Ernährung und Landwirtschaft
BMVBW	Bundesministerium für Verkehr, Bau- und Wohnungswesen
BMWi	Bundesministerium für Wirtschaft und Technologie*)
BRH	Bundesrechnungshof
BR-Drs.	Bundesratsdrucksache
BT-Drs.	Bundestagsdrucksache
BVerfG	Bundesverfassungsgericht
BVerfGE	Entscheidungen des Bundesverfassungsgerichts
BWV	Bundesbeauftragter für Wirtschaftlichkeit in der Verwaltung
DAAD	Deutscher Akademischer Austauschdienst
DFG	Deutsche Forschungsgemeinschaft
DIW	Deutsches Institut für Wirtschaftsforschung
DLR	Deutsches Zentrum für Luft- und Raumfahrt e.V.
DÖV	Die Öffentliche Verwaltung

*) Bezeichnung vor dem Organisationserlass des Bundeskanzlers vom 22.10.2002

DVBl	Deutsche Verwaltungsblätter
EAGFL-A	Europäischer Ausrichtungs- und Garantiefonds für die Landwirtschaft - Abteilung Ausrichtung
EAGFL-G	Europäischer Ausrichtungs- und Garantiefonds für die Landwirtschaft - Abteilung Garantie
EFRE	Europäischer Fonds für regionale Entwicklung
EG	Europäische Gemeinschaft
EG-Vertrag	Vertrag zur Gründung der Europäischen Gemeinschaft
EU	Europäische Union
EIB	Europäische Investitionsbank
Epl.	Einzelplan
ERP	European Recovery Program
ESF	Europäischer Sozialfonds
FhG	Fraunhofer-Gesellschaft
GA	Gemeinschaftsaufgabe
GAK	Gemeinschaftsaufgabe Verbesserung der Agrarstruktur und des Küstenschutzes
GAKG	Gesetz über die Gemeinschaftsaufgabe Verbesserung der Agrarstruktur und des Küstenschutzes
GFE	Großforschungseinrichtung(en)
GG	Grundgesetz
GO	Geschäftsordnung
GRW	Gesetz über die Gemeinschaftsaufgabe Verbesserung der regionalen Wirtschaftsstruktur
HBFG	Hochschulbauförderungsgesetz
HGF	Hermann von Helmholtz-Gemeinschaft Deutscher Forschungszentren
HEP	Hochschulerneuerungsprogramm
HSP	Hochschulsonderprogramm
Kap.	Kapitel
MinBlFin	Ministerialblatt des Bundesministeriums der Finanzen

MPG	Max-Planck-Gesellschaft zur Förderung der Wissenschaften e.V.
PLANAK	Planungsausschuss für die Gemeinschaftsaufgabe Verbesserung der Agrarstruktur und des Küstenschutzes
PRW	Planungsausschuss für die Gemeinschaftsaufgabe Verbesserung der regionalen Wirtschaftsstruktur
Rdnr(n)	Randnummer(n)
StBauFG	Städtebauförderungsgesetz
Tgr.	Titelgruppe
Tz(n).	Textziffer(n)
WGL	Wissenschaftsgemeinschaft Gottfried Wilhelm Leibniz
WoFG	Wohnraumförderungsgesetz
II. WoBauG	Zweites Wohnungsbaugesetz
WR	Wissenschaftsrat
VV	Verwaltungsvereinbarung

0 Zusammenfassung der wesentlichen Ergebnisse

0.0 Prüfungsansatz

Im Rahmen mehrerer Querschnittsprüfungen hat der Bundesrechnungshof (BRH) die sog. Mischfinanzierung als Teilbereich der Finanzbeziehungen zwischen Bund und Ländern untersucht. Er hat sich dabei auf die Gemeinschaftsaufgaben nach Art. 91a GG und Art. 91b Grundgesetz (GG) sowie auf die Finanzhilfen in den Bereichen „Städtebauförderung" und „Wohnungsbauförderung" nach Art. 104a Abs. 4 GG konzentriert. Die Prüfungen zielten nicht darauf ab, den Mitteleinsatz des Bundes für die einzelnen Bereiche im Sinne von Einsparungen für dessen Haushalt dem Grunde nach zu hinterfragen und so möglicherweise zurückzufahren. Vielmehr war zu klären, ob sich die Mischfinanzierung in der Vergangenheit als ein effektiveres und effizienteres Finanzierungsmodell gegenüber den in anderen staatlichen Aufgabenbereichen bewährten und üblichen Verfahren erwiesen hat.

Ausgehend von den allgemeinen Erkenntnissen aus dieser sich über mehrere Jahre erstreckenden Prüfungsreihe will der Bundesbeauftragte für Wirtschaftlichkeit in der Verwaltung (BWV) im vorliegenden Bericht einen Beitrag zur laufenden Diskussion über die Neugestaltung der Bund-Länder-Finanzbeziehungen aus der Sicht der Bundesfinanzkontrolle leisten. Es liegt somit weder in seiner Absicht, in diesem Rahmen erneut sinnvolle Detailverbesserungen anzuregen, noch eine vertiefte verfassungsrechtliche Bewertung des bereits Vorgefundenen oder des künftig Denkbaren beizusteuern. Die für erforderlich gehaltenen politischen Entscheidungen bleiben den Adressaten dieses Berichts vorbehalten.

0.1 Befundaufnahme der Mischfinanzierung

Mit Hilfe der Gemeinschaftsaufgaben nach Art. 91a und 91b sowie der Finanzhilfen nach Art. 104a GG sollte nach der Vorstellung des Gesetzgebers ab dem Jahre 1969 im Grundsatz die Erledigung bestimmter für notwendig erachteter staatlicher Aufgaben in Bund und Ländern finanziell und planerisch so erfolgreich gestaltet werden, wie es bei getrenntem Vorgehen der Gebietskörperschaften ansonsten nicht gelänge. Zentrales Element war hierfür die gemeinsame Finanzierung von bestimmten Aufgaben und Programmen (Mischfinanzierung). Eine Erfolgskontrolle, inwiefern dieses Ziel erreicht worden ist, liegt nicht vor. Es fehlt vielmehr ein schlüssiger Beweis dafür, dass dieses komplexe und komplizierte, zudem wenig flexible Instrumentarium mehr geleistet hätte als es eine koordinierte Aufgabenwahrnehmung bei einer Finanzierung der Ausgaben der Länder über Art. 106 und 107 GG nicht auch vermocht hätte.

Zwar sind seither mit den Mitteln der Gemeinschaftsaufgaben und Finanzhilfen vom Bund aus Gelder in die einschlägigen Bereiche geflossen. Eine angemessene Finanzausstattung der Länder für deren Aufgaben ist jedoch grundsätzlich über den allgemeinen Finanzausgleich zu gewährleisten. Mischfinanzierungen sind grundsätzlich problematisch und führen bei allen Beteiligten zu unnötigen Komplikationen bürokratischer, prozeduraler und legitimatorischer Art.

So fördern Mischfinanzierungen Verteilungs- und Subventionswettläufe zwischen den Ländern, verhindern klare Aufgabenteilungen zwischen Bund und Ländern und entsprechen nicht dem Subsidiaritätsprinzip. Mischfinanzierungen führen zur Teilung von Verantwortlichkeiten und damit zu insgesamt weniger Verantwortung. Die Finanzplanung bei den beteiligten Gebietskörperschaften wird vorab festgelegt, da zu erwartende Zuschüsse Prioritätsentscheidungen hinsichtlich der Ressourcenverwendung überlagern können.

Mischfinanzierungen lösen Mitnahmeeffekte aus, bewirken gegenseitige Abhängigkeiten und können damit zu starren Strukturen und ineffizientem Mitteleinsatz führen, wobei das Wirtschaftlichkeitsgebot nicht immer hinreichend beachtet wird. Die Parlamente und Finanzressorts werden bei der Haushaltsaufstellung faktisch eingeengt, insbesondere weil sie Komplementärmittel bereitstellen müssen, damit Leistungen von anderen Mittelgebern nicht unterbleiben. Dass sie rechtlich in dieser Hinsicht ungebunden sind, wie es Art. 91a Abs. 4 Satz 4 GG für die Gemeinschaftsaufgaben ausdrücklich klarstellt, ändert an den tatsächlichen Zwängen kaum etwas.

Ausgaben des Bundes im Rahmen der Mischfinanzierung unterliegen nur eingeschränkt der Finanzkontrolle durch den BRH. Eine zweckentsprechende und wirtschaftliche Mittelverwendung im Einzelnen kann letztlich nur von den Landesrechnungshöfen geprüft werden, die dabei ggf. aus einer anderen Interessenlage heraus und mit mehr landesorientierter Zielsetzung tätig werden.

Mischfinanzierungen verursachen durch die Befassung mehrerer Gebietskörperschaften mit denselben Sachverhalten erheblichen Verwaltungsaufwand. Dabei erweisen sich die Verfahren nicht als besonders sachgerecht, da die Mittelverteilung oft nach starren Verfahren erfolgt, die nur wenigen Änderungen unterliegen und gewandelten Bedarfslagen nur schwer angepasst werden können.

Unterschiedlich stark ausgeprägt zeigen sich diese allgemein dargelegten Konflikte, Probleme, Redundanzen und Defizite bei allen Formen der Mischfinanzierung.

Im Einzelnen kann der BWV feststellen:

0.2 Gemeinschaftsaufgaben nach Art. 91a GG

Nach Art. 91a GG wirkt der Bund bei der Erfüllung von originären Aufgaben der Länder mit, wenn diese Aufgaben für die Gesamtheit bedeutsam sind und die Mitwirkung des Bundes zur Verbesserung der Lebensverhältnisse erforderlich ist. Für Bund und Länder ergibt sich hieraus die Pflicht, fortlaufend zu prüfen, ob und inwieweit die Mitwirkung des Bundes noch notwendig ist. Eine dauernde „Mitwirkung" des Bundes an Länderaufgaben steht im Widerspruch zum Grundsatz der getrennten Haushaltswirtschaft von Bund und Ländern nach Art. 109 Abs. 1 GG und entspricht nicht dem Prinzip der Subsidiarität. Auch nach über dreißig Jahren ist nicht absehbar, dass die Gemeinschaftsaufgaben seitens des Bundes einmal beendet werden würden; ihr Ziel ist bis jetzt nicht erreicht worden, was Zweifel an der Geeignetheit der Instrumente und Verfahren aufkommen lässt.

Der BWV empfiehlt, die Gemeinschaftsaufgaben mit der bisherigen Mischfinanzierung nach Art. 91a GG zu überdenken und längerfristig aufzugeben. Grundsätzlich sollte die aufgabenadäquate Finanzausstattung der Gebietskörperschaften über Art. 106 und 107 GG geregelt werden. Der BWV sieht darin im Endergebnis mehr Vorteile als Nachteile für alle Beteiligten.

0.2.1 Gemeinschaftsaufgabe „Hochschulbau" (Art. 91a Abs. 1 Nr. 1 GG)

Der Bund hat im Zeitraum von 1970 bis 2000 insgesamt rd. 41 Mrd. DM[1] für die Gemeinschaftsaufgabe „Hochschulbau" aufgewendet. Die Bundesregierung hat bisher in diesem Bereich - auch bei der Novellierung des Hochschulbauförderungsgesetzes im Jahre 1996 - keine umfassende Erfolgskontrolle des Mischfinanzierungsverfahrens durchgeführt. Die Gemeinschaftsaufgabe stellt sich vielmehr als Daueraufgabe dar, ohne dass die angestrebte Zielsetzung abschließend erreicht worden wäre.

Die im Grundgesetz festgelegten Mitplanungsrechte des Bundes bei der Gemeinschaftsaufgabe „Hochschulbau" zielen nicht auf einen strategischpolitischen Einfluss bei der Ausrichtung von Forschung und Lehre. Der Bund ist auf die Mitwirkung beim Auf- und Ausbau der Hochschulinfrastruktur beschränkt und kann faktisch nicht beeinflussen, wie diese Infrastruktur genutzt wird.

Zwar bestimmt der Bund über das finanzielle Volumen Umfang und Anzahl möglicher Vorhaben der Länder mit. Die Mitfinanzierung (und Mitwirkung) des Bundes wird jedoch ausschließlich unter Berücksichtigung seiner allgemeinen Leitlinien und Eckwerte zur Haushalts- und Finanzplanung festgelegt. Dabei spielen hochschulstrategische Gesichtspunkte - auch nach Aussage des Bundesministeriums der Finanzen - keine Rolle. Im übrigen folgt die Verteilung der Bundesmittel auf die Länder einem relativ starren Schema anhand prozentualer Quoten, ohne dass dabei dem besonderen Bedarf

---

[1] Alle Beträge in diesem Bericht in DM angegeben.

einzelner Empfänger Rechnung getragen würde. Im Gegenteil erhalten finanzstarke Länder, die hohe Eigenmittel bereitstellen können, auch entsprechend hohe Komplementärmittel des Bundes. Unter diesen Aspekten ist nach dem Sinn der Einbindung des Bundes in diese Länderaufgabe zu fragen.

Der Verwaltungsaufwand des Bundes und der Länder bei Durchführung des Hochschulbauförderungsgesetzes ist beträchtlich. Die administrative Durchführung des Gesetzes durch den Bund liegt - auch bei den Detailaufgaben - ausschließlich im Ministerialbereich und bindet erhebliche Personalkapazitäten für nichtministerielle Aufgaben. Der betriebene Aufwand ermöglicht aber nicht einmal die praktikable Regelung vergleichsweise einfacher Fragen (z.B. Abgrenzung Sanierung/Neubau oder medizinische Versorgung/ klinische Forschung).

0.2.2 Gemeinschaftsaufgabe „Regionale Wirtschaftsstruktur" (Art. 91a Abs. 1 Nr. 2 GG)

Die zur Gemeinschaftsaufgabe „Hochschulbau" getroffenen Aussagen hinsichtlich der mangelnden Erfolgskontrolle des Mischfinanzierungsverfahrens, der ungenügenden Flexibilität des Systems und der fehlenden Bedarfsorientierung der Mittelzuweisung (Tz. 0.2.1) gelten entsprechend auch für die Gemeinschaftsaufgabe „Regionale Wirtschaftsstruktur". Insbesondere orientieren sich die bereitgestellten Bundesmittel nicht an einem angemeldeten oder auf andere Weise ermittelten Bedarf der Länder, sondern ausschließlich an allgemeinen haushaltspolitischen Rahmensetzungen. Auch die Verteilung der Bundesmittel auf die Länder folgt einem relativ starren Schema, das im Zeitablauf nur geringe Änderungen erfährt. Insoweit stellt sich die Mischfinanzierung auch hier als inflexibles System dar, von dem nur geringe Lenkungsfunktionen ausgehen.

Als weiterer Gesichtspunkt kommt hinzu, dass die Mittelansätze der Gemeinschaftsaufgabe für die alten Länder wegen ihres geringen Anteils von weniger als 10 % der insgesamt bereitgestellten Bundesmittel nur noch marginale Bedeutung und Steuerungswirkung aufweisen. Die sich aufdrängende politische Grundentscheidung über die weitere Beibehaltung bzw. die Abschaffung der Gemeinschaftsaufgabe in den alten Ländern sollte nicht auf Dauer mit einer fortlaufenden „Alibi"-Förderung minimalen finanziellen Gewichts umgangen werden. Für die neuen Länder kann übergangsweise eine den dortigen besonderen Verhältnissen gerecht werdende Regelung im Rahmen der Maßnahmen zum „Aufbau-Ost" getroffen werden.

0.2.3 Gemeinschaftsaufgabe „Agrarstruktur und Küstenschutz" (Art. 91a Abs. 1 Nr. 3 GG)

Die bei den Gemeinschaftsaufgaben „Hochschulbau" und „Regionale Wirtschaftsstruktur" bereits angesprochenen Probleme fehlender Verfahrensevaluation, erheblicher Inflexibilität und unzureichender Bedarforientierung der Mittel (Tz. 0.2.1 und 0.2.2) stellen sich in gleicher Weise bei der Gemeinschaftsaufgabe „Verbesserung der Agrarstruktur und des Küstenschutzes". Die Aufteilung der Haushaltsmittel auf zahlreiche Förderziele, die teilweise nur von untergeordneter Bedeutung sind, verursacht Verwaltungsaufwand, „politisiert" selbst unbedeutende Entscheidungen und beschneidet die Flexibilität. Auch hier schlägt der BWV vor, die bestehende Mischfinanzierung zu überdenken und längerfristig abzuschaffen.

0.3 Gemeinschaftsaufgaben nach Art. 91b GG

Ebenfalls abweichend von dem Grundsatz voneinander unabhängiger Haushaltswirtschaften des Bundes und der Länder (Art. 109 Abs. 1 GG) können nach Art. 91b GG Bund und Länder bei der Bildungsplanung und bei der Förderung von Einrichtungen und Vorhaben der wissenschaftlichen Forschung von überregionaler Bedeutung zusammenwirken. Die Aufteilung der Kosten ist im Rahmen von Vereinbarungen festzulegen.

In Deutschland gibt es eine Vielzahl von Bund und Ländern gemeinsam institutionell geförderter außeruniversitärer Forschungseinrichtungen. Durch den hohen Anteil der von Bund und Ländern aufgebrachten institutionellen Finanzierung am Gesamthaushalt der einzelnen Einrichtungen besteht die Tendenz zur Verfestigung von Strukturen sowie teilweise zur Abschottung gegenüber anderen hochschulinternen und außeruniversitären Einrichtungen und der industriellen Forschung. Im Interesse einer raschen Anpassung an die sich immer schneller entwickelnden Wissenschaftsbereiche und Technologien sollten flexiblere Strukturen und Förderungsarten begünstigt werden.

Grundsätzlich empfiehlt der BWV die Verringerung der institutionellen zu Gunsten der projektbezogenen Förderung. Die institutionelle Förderung sollte auf die Größenordnung reduziert werden, die für grundlegende und langwierige Forschungsziele unbedingt erforderlich ist. Die Projektmittel sollten an die einzelnen Einrichtungen bevorzugt im Wettbewerbsverfahren vergeben werden.

Der BWV schlägt ferner vor, die Grundfinanzierung der Forschungseinrichtungen möglichst jeweils „aus einer Hand" vorzunehmen. Dabei könnten die Großforschungseinrichtungen ganz vom Bund, die (kleineren) sog. Blaue-Liste-Einrichtungen ganz von den Ländern übernommen werden.

0.4 Finanzhilfen „Städtebauförderung" und „Wohnungsbauförderung" nach Art. 104a Abs. 4 GG

Über Art. 104a Abs. 4 GG (Finanzhilfen) finanziert der Bund verschiedene originäre Aufgaben der Länder mit. Dies muss nach der Grundkonzeption der geltenden Finanzverfassung aber die Ausnahme sein, da gemäß Art.104a Abs. 1 GG der Grundsatz der Übereinstimmung von Aufgabenerledigung und Ausgabentragung gilt, von dem möglichst nicht abzuweichen ist. Die Beteiligung des Bundes an der Aufgabenerledigung der Länder speziell in den Bereichen „Wohnungsbauförderung" und „Städtebauförderung" nach Art. 104a Abs. 4 GG ist im Kern auf die bloße Gewährung von Finanzhilfen begrenzt.

Eine dauernde Mitfinanzierung von Länderaufgaben durch den Bund entspricht nicht dem Grundsatz der getrennten Haushaltswirtschaft von Bund und Ländern nach Art. 109 Abs. 1 GG und dem Prinzip der Subsidiarität. Für Bund und Länder ergibt sich daher die Pflicht, nachzuweisen, dass eine solche Beteiligung des Bundes in Form von Finanzhilfen wirklich erforderlich ist. Ein solcher Nachweis ist bislang nicht erkennbar erbracht worden.

Wenn sich aus juristischen wie faktischen Gründen das Finanzierungsmodell des Art. 104a Abs. 4 GG in einer bloßen (wenngleich zweckgebundenen und dauerhaften) Mittelhingabe des Bundes erschöpft, so ist es geboten, wieder zur Regelfinanzierung von Länderaufgaben über Art. 106 und 107 GG zurückzukehren. Der BWV schlägt daher vor, die Mischfinanzierung in Form der Finanzhilfen für die Bereiche „Städtebauförderung" und „Wohnungsbauförderung" zu überdenken und längerfristig aufzugeben.

0.5 Bund-Länder Koordinierung

Die bisher mit Hilfe der Gemeinschaftsaufgaben nach Art. 91a GG und der Finanzhilfen nach Art. 104a Abs. 4 GG vorgenommene Bund-Länder-Koordinierung muss bei Aufgabe dieser Instrumente nicht notwendigerweise mit entfallen. Sie kann vielmehr auch künftig im erforderlichen Umfang fortgeführt werden. Allerdings wären dazu keine verfassungsrechtlich vorgegebene oder auch nur einfachgesetzlich geregelte Planungs- und Abstimmungsverfahren, insbesondere keine verbindliche Rahmenpläne, wie bei den Gemeinschaftsaufgaben nach Art. 91a GG, erforderlich. Es würde ausreichen, sich beispielsweise auf freiwilliger Basis auf bestimmte Förderziele in den einzelnen Bereichen zu verständigen und bestimmte Abstimmungsverfahren zu vereinbaren. Es sind - wenn es im Interesse der Länder und des Bundes geboten erscheint - vergleichbare Verfahren wie in anderen Aufgabenbereichen zur Erfahrungsgewinnung, Evaluierung, Angleichung von Förderstrukturen und zur Vertretung eines möglichst einheitlichen Standpunktes gegenüber der EG denkbar. Es wird sich anbieten, dabei auf die schon bekannten und bewährten Einrichtungen und Verfahren des kooperativen Föderalismus mit mehr oder weniger starker Einbindung des Bundes zurückzugreifen, wie sie - beispielhaft herausgegriffen - in den Kompetenzbereichen der Innen - und Kultusministerien seit Jahrzehnten auch ohne Finanzierungskomponente eingesetzt werden.

0.6 „Flurbereinigung" der Mischfinanzierung

Nach Auffassung des BWV sollte das Geflecht gegenseitiger inhaltlicher Abhängigkeiten, politischer Vorfestlegungen und ineinander greifender Kofinanzierungen als Folge des derzeit rechtlich vorbestimmten und praktisch geübten Systems der Mischfinanzierung zwischen Bund und Ländern nach Art. 91a GG, Art. 91b GG und Art. 104a Abs. 4 GG grundsätzlich aufgegeben, jedenfalls aber entwirrt werden. Auch bei im Wesentlichen gleich bleibenden Mittelansätzen würde dies bei allen Beteiligten in Bund und Ländern direkt zu einem wirtschaftlicheren Ressourceneinsatz und damit zu mittelbaren Einsparungsmöglichkeiten führen.

Der Spargedanke steht bei den Überlegungen des BWV jedoch nicht im Mittelpunkt. Es geht nicht darum, Ausgaben des Bundes für derzeit im Rahmen der Gemeinschaftsaufgaben und Finanzhilfen durchzuführende Maßnahmen zu verringern. Vielmehr soll der Finanztransfer zu den Ländern deren Eigenverantwortung bei der Aufgabenerledigung stärken und möglichst einfach, transparent und frei von unnötigen Abstimmungs- und Lenkungsverfahren gestaltet werden.

1 Vorbemerkung

In den Jahren 1997 bis 2000 hat der BRH im Rahmen mehrerer querschnittlich angelegter Prüfungen einen Teil der Finanzbeziehungen zwischen Bund und Ländern untersucht.

Er hat dabei die Gemeinschaftsaufgaben

- Ausbau und Neubau von Hochschulen einschließlich der Hochschulkliniken (Art. 91a Abs. 1 Nr. 1 GG)

- Verbesserung der regionalen Wirtschaftsstruktur (Art.91a Abs. 1 Nr. 2 GG)

- Verbesserung der Agrarstruktur und des Küstenschutzes (Art. 91a Abs. 1 Nr. 3 GG)

- Bildungsplanung und Forschungsförderung (Art. 91b GG)

sowie von den Finanzhilfen nach Art. 104a Abs. 4 GG die zur

- Wohnungsbau- und Städtebauförderung

betrachtet und seine Erkenntnisse daraus den zuständigen Ressorts in vier umfangreichen Prüfungsmitteilungen (vom 20.05.97 - VII 7 - 3700/96(I), vom 03.03.99 - I 6 - 3700/96 (II), vom 18.05.00 - I 6 - 3700/96 (IV) und vom 16.04.99 - I 6 - 2700/96 (III)) zugeleitet.

Nicht Gegenstand der Prüfung sind andere Tatbestände gewesen, die sich - jedenfalls in weiterem Sinne - ebenfalls als Mischfinanzierung einordnen lassen, so z. B.:

- Ausgabenteilung bei Geldleistungsgesetzen (Art. 104a Abs. 3 GG)

- Steueraufkommen für den Personennahverkehr (Art. 106a GG)

- Maßnahmen nach dem Gemeindeverkehrsfinanzierungsgesetz (Art. 104a Abs. 4 GG)

- Maßnahmen aus dem ERP.

1 Vorbemerkung

Die bisherigen Prüfungsmitteilungen und Bemerkungen des BRH zum Thema sind in die vorliegende Untersuchung des BWV einbezogen. Sie ist systematisch angelegt, so dass einzelne Vorgänge nur angesprochen sind, soweit sie systemtypische Auswirkungen oder Besonderheiten aufgezeigt haben. Vertieft werden solche Sachverhalte, die für das Zusammenwirken von Bund und Ländern im Rahmen der Mischfinanzierung bedeutsam sind. Vorschläge zur Detailverbesserung der gegenwärtigen Verfahren und zu möglichen Übergangslösungen, die in den einzelnen Prüfungsmitteilungen enthalten sind, enthält der Bericht nicht.

Der BWV will einen Beitrag zur Diskussion über die Umgestaltung der Finanzbeziehungen zwischen Bund und Ländern, insbesondere infolge des Urteils des Bundesverfassungsgerichts zur notwendigen Reform des Finanzausgleichs vom 11.11.99 leisten:

Dem Deutschen Bundestag, aus dessen Reihen namhafte Vertreter der Koalitionsfraktionen und der Opposition eine Umgestaltung der Finanzbeziehungen zwischen den bundesstaatlichen Ebenen fordern (vgl. einerseits Metzger, Aktivierender Föderalismus als Teil einer nachhaltigen Finanzpolitik, Hintergrundpapier vom 14.12.00, andererseits Scholz, Zehn Jahre Verfassungseinheit, DVBl. 2000, 1377 ff., 1383), soll eine Entscheidungshilfe geboten werden.

Das Bundesministerium der Finanzen soll in seinem Ansatz unterstützt werden, die Mischfinanzierungen zwischen Bund und Ländern im Sinne einer klaren Aufgabenzuordnung auf das notwendige Maß zu reduzieren (vgl. Finanzpolitische Leitlinien des BMF vom November 2000, S. 24 f.).

Die Regierungschefs des Bundes und der Länder haben in ihrem Beschluss vom 20.12.01 die Aufnahme von Verhandlungen über Reformschritte zur Modernisierung der bundesstaatlichen Ordnung vereinbart. Sie haben dabei die Notwendigkeit betont, diese auf die Zweckmäßigkeit und Effizienz der Aufgabenerfüllung und die Zuordnung der politischen Verantwortlichkeiten hin zu überprüfen. Die Mischfinanzierungen zwischen Bund und Ländern bilden einen wesentlichen Teilbereich davon.

Die Ministerpräsidenten der Länder haben auf ihrer Sonderkonferenz vom 21./23.06.02 Beschlüsse zur Neuordnung der Finanzbeziehungen zwischen Bund und Ländern gefasst. Bis zum Abschluss der Europäischen Regierungskonferenz im Jahre 2004 soll danach mit dem Bund die Entflechtung der Gemeinschaftsaufgaben und anderen Mischfinanzierungen vereinbart werden.

Der Koalitionsvertrag, den SPD und Bündnis 90 / Die Grünen im Oktober 2002 über ihre Ziele und die Zusammenarbeit in der 15. Legislaturperiode geschlossen haben, enthält dezidierte Aussagen der Partner zu einer für notwendig gehaltenen Föderalismusreform. Insbesondere wird es als wichtige Aufgabe für die nächsten vier Jahre angesehen, „die Zuständigkeiten der staatlichen Ebenen und Mischfinanzierungen Zug um Zug zu entflechten, damit die Verantwortlichkeiten für Entscheidungen transparenter werden und die Eigenverantwortung dominiert". Die Koalition will „den föderalistischen Staatsaufbau im Sinne einer neuen Verantwortungsteilung zwischen Bund und Ländern grundlegend überprüfen."

Die Fachöffentlichkeit befasst sich in jüngerer Zeit wieder verstärkt - und zum Teil überaus kritisch - mit dem Thema (siehe z. B. Stellungnahme Nr. 28 - Abbau von Mischfinanzierungen - des Karl-Bräuer-Instituts des Bundes der Steuerzahler vom Juni 2001 sowie Piduch, Bundeshaushaltsrecht, Rdnrn. 2 ff. zu Art 91a GG und Rdnrn. 92 f. zu Art. 104a GG). Die aus der Prüfungs- und Beratungspraxis des BRH und des BWV gewonnenen Erkenntnisse sollen auch für diese wissenschaftliche Auseinandersetzung nutzbar gemacht werden.

Nach einer gerafften Darstellung von Entwicklung und Rechtsgrundlagen der Gemeinschaftsaufgaben und Finanzhilfen (Tz. 2) werden zunächst die tatsächlichen Befunde hinsichtlich jeder einzelnen Mischfinanzierungsvariante dargestellt (Tz. 3 - 8). Unter Tz. 9 sind die für Art. 91a GG, Art. 91b GG und Art. 104a Abs. 4 GG im Wesentlichen gemeinsam geltenden Bewertungen und Empfehlungen des BWV zu finden; Tz. 10-14 greifen sodann Erwägungen auf, die besonders für die einzelnen Komponenten des

Systems von Bedeutung sind. Eine Schlusswürdigung unter Tz. 15 fasst die wesentliche Erkenntnisse des BWV zur untersuchten Mischfinanzierung zusammen.

In einem Anhang werden unter Tz. 16 schließlich die Stellungnahmen der betroffenen Bundesministerien zu den Schlussfolgerungen des Berichts wiedergegeben. Die Bundesministerien hatten auch Gelegenheit, sich zu den Sachverhalten zu äußern, die den Bewertungen des BWV zugrunde liegen; ihre Änderungsvorschläge sind berücksichtigt.

2 Gemeinschaftsaufgaben (Art. 91a, 91b GG) und Finanzhilfen (Art. 104a Abs. 4 GG) - Entwicklung und Rechtsgrundlagen

2.1 Kompetenzverteilung des Grundgesetzes

Bund und Länder nehmen in unterschiedlichen Kompetenzräumen, bei einem Verbot der Mischverwaltung, ihre verfassungsmäßigen Aufgaben grundsätzlich voneinander getrennt jeweils in eigener Zuständigkeit wahr. Zur Finanzierung ihrer Aufgaben (vgl. Art. 30, 70 ff., 83 ff. GG) stehen den Ländern u.a. Einnahmen aus dem Steueraufkommen (vgl. Art. 106 GG) und aus den vertikalen (vgl. Art. 106 GG) und horizontalen Finanzausgleichen (vgl. Art. 107 GG) zur Verfügung. Ihre Einnahmen aus Finanzausgleichen sind grundsätzlich - anders als der sog. Personennahverkehrsausgleich (Art. 106a GG) - nicht an besondere Zweckbestimmungen gebunden, sondern dienen allgemein der sachgerechten Erfüllung ihrer Aufgaben unter Berücksichtigung jeweiliger landespolitischer Prioritäten und Schwerpunkte. Nach dem Verfassungsgrundsatz des Art. 104a Abs. 1 GG tragen Bund und Länder gesondert die Ausgaben, die sich aus der Wahrnehmung ihrer Aufgaben ergeben (Übereinstimmung von Aufgaben- und Ausgabenverantwortung). Nach Art. 109 Abs. 1 GG sind Bund und Länder in ihrer Haushaltswirtschaft selbständig und voneinander unabhängig.

Abweichend von diesen Verfassungsgrundsätzen hat das Grundgesetz eine Reihe bedeutsamer Durchbrechungen vorgesehen. In diesen Fällen kann der Bund bei der Erfüllung von Landesaufgaben mitwirken, mit den Ländern zusammen Bundes- und Landesaufgaben erledigen oder Landesaufgaben mitfinanzieren. Es handelt sich dabei um die sog. Gemeinschaftsaufgaben nach Art. 91a GG und Art. 91b GG sowie die Finanzhilfen nach Art. 104a Abs. 4 GG. Diese Kooperations- und Kofinanzierungsmodelle sind durch das 21. Gesetz zur Änderung des Grundgesetzes (Finanzreformgesetz 1969) ins GG eingefügt worden.

2.2 Ziel der Finanzreform 1969

Ziel der Finanzreform war es, die vormals bereits außerhalb der Verfassung gemeinsam von Bund und Ländern finanzierten Aufgaben unter Wahrung des bundesstaatlichen Prinzips in die Systematik des Grundgesetzes einzuordnen. Nach den Empfehlungen einer Sachverständigen-Kommission (sog. Troeger-Kommission) wurde das System der Mitfinanzierung von Länderaufgaben durch den Bund nach langwierigen Beratungen von Bundestag und Bundesrat durch eine verfassungsrechtliche Lösung ersetzt. Damit war die Mitfinanzierung von Gemeinschaftsaufgaben (GA) nicht mehr von Bedingungen und Auflagen des Bundes abhängig, denen sich die Länder unterwerfen mussten, wenn sie die Bundeszuschüsse nicht verlieren wollten (vormaliges sog. Dotationssystem).

Das Zusammenwirken von Bund und Ländern war nichts Neues, sondern hatte sich in diesen Bereichen bereits lange vor der Finanzreform von 1969 entwickelt:

So existierten z. B. für die Agrarstrukturförderung die sog. „Grünen Pläne" (vgl. jetzt Art. 91a Abs. 1 Nr. 3 GG). Auch hatte sich der Bund bereits seit 1958 - also lange vor der Begründung der Gemeinschaftsaufgabe „Hochschulbau" (Art. 91a Abs. 1 Nr. 1 GG) - am Ausbau und Neubau von (wissenschaftlichen) Hochschulen beteiligt, ohne dass dies durch entsprechende verfassungsrechtliche Regelungen abgesichert gewesen wäre. Diese Kooperation fand sowohl im Bund/Länder-Verhältnis als auch auf Landesebene statt. Ferner hatten Bund und Länder im Hochschulbau bereits am 04.06.64 und 08.02.68 Verwaltungsabkommen geschlossen, in denen sie sich verpflichteten, nach den Empfehlungen des Wissenschaftsrates den Ausbau der bestehenden wissenschaftlichen Hochschulen gemeinsam zu fördern. Ein Zusammenwirken von Bund und Ländern hatte sich auch im Bereich der Bildungsplanung und der Forschungsförderung (vgl. jetzt Art. 91b GG) schon vor der Finanzreform von 1969 entwickelt. So wurde bereits im Jahre 1965 ein „Deutscher Bildungsrat" als Sachverständigengremium errichtet, der Entwicklungs- und Strukturpläne für das deutsche Bildungswesen entwickeln und den Finanzbedarf errechnen sollte. Für den Forschungsbereich wurde im Jahre 1957 der (heute noch bestehende) Wissenschaftsrat als Bund-Länder-Beratungsgremium für den Forschungsbereich geschaffen. Die Einfügung des Art. 104a Abs. 4 GG diente ebenfalls dazu, die bis dahin ungeregelte und umstrittene Praxis des Bundes bei seinen Zuschüssen für Länderaufgaben (sog. Fondswirtschaft) verfassungsrechtlich zu institutionalisieren.

Insgesamt wollte die Finanzreform die praktizierte Mischfinanzierung und -verwaltung in grundgesetzlich geordnete Bahnen lenken und die Einflussnahme des Bundes bei der Erfüllung von originären Landesaufgaben auf das unabweisbar notwendige Maß beschränken.

2.3 Gemeinschaftsaufgaben nach Art. 91a GG

Bei den Gemeinschaftsaufgaben nach Art. 91a GG wirkt der Bund obligatorisch bei der Erfüllung der dort abschließend aufgezählten originären Landesaufgaben mit,

- wenn sie für die Gesamtheit bedeutsam sind und

- seine Mitwirkung zur Verbesserung der Lebensverhältnisse erforderlich ist.

Damit wird u.a. die Kompetenzverteilung zwischen Bund und Ländern abweichend vom Grundsatz des Art. 30 GG geregelt. Es kommt jeweils aufgrund eines Gesetzes zu einer gemeinsamen Rahmenplanung und zu einer gemeinsamen Finanzierung mit bestimmter Kostenaufteilung.

2.4 Gemeinschaftsaufgaben nach Art. 91b GG

Bei der Bildungsplanung und Forschungsförderung (Art. 91b GG) wirkt der Bund, der hier eigene Kompetenzen z. B. aus der Natur der Sache oder kraft Sachzusammenhanges (sog. ungeschriebene Bundeszuständigkeiten) hat, fakultativ bei der Aufgabenerfüllung der Länder mit - ggf. liegt es auch umgekehrt. Auch bei diesen beiden abschließend genannten Bereichen kommt es zu Planungsprozessen und Kofinanzierungen, die allerdings nicht durch Gesetz, sondern durch (Verwaltungs-)Vereinbarungen geregelt werden. Eine gemeinsame Rahmenplanung und eine bestimmte Kostenaufteilung ist dabei im Gegensatz zu den Gemeinschaftsaufgaben nach Art. 91a GG nicht durch Gesetz gefordert.

Während sich der Bund nach dem Wortlaut des Verfassungsartikels im Bildungswesen auf die Mitplanung beschränkt, geht er aufgrund des Begriffs „Förderung" im Forschungsbereich von einer Mitverwaltungskompetenz aus.

2.5 Finanzhilfen nach Art. 104a Abs. 4 GG

2.5.1 Zielsetzung

Art. 104a Abs. 4 GG ermächtigt den Bund zu Finanzhilfen für besonders bedeutsame Investitionen der Länder und Gemeinden, die zur Erreichung der drei abschließend genannten Förderziele

– Abwehr einer Störung des gesamtwirtschaftlichen Gleichgewichtes,

– Ausgleich unterschiedlicher Wirtschaftskraft im Bundesgebiet oder

– Förderung wirtschaftlichen Wachstums

erforderlich sind. Er bildet so die verfassungsmäßige Grundlage für eine gemeinsame Finanzierung von originären Landesaufgaben durch Bund und Länder. Die nähere Ausgestaltung, insbesondere die Art der zu fördernden Investitionen ist entweder durch Bundesgesetz mit Zustimmung des Bundesrates oder durch Verwaltungsvereinbarung aufgrund des Bundeshaushaltsgesetzes zu regeln. Die Investitionsbereiche selbst sind nicht genannt, so dass z.B. neben Maßnahmen zur Wohnungs- oder Städtebauförderung auch solche zur Verkehrsinfrastrukturverbesserung oder allgemeinen Investitionsförderung etc. möglich sind.

Nach seiner Stellung in der Finanzverfassung soll Art. 104a Abs. 4 GG die mit dem vertikalen und horizontalen Finanzausgleich (vgl. Art. 106, 107 GG) angestrebte gleiche Verteilung des Steueraufkommens auf den Finanzbedarf des Bundes und der Länder zur Finanzierung ihrer Aufgaben für den Fall ergänzen, dass allein durch jenen eine gleichmäßige Deckung nicht erreicht wird und die Länder bestimmte ihrer Aufgaben trotz entsprechender Anstrengungen nicht aus eigener Kraft erfüllen können. Im Hinblick auf ihren Ausnahmecharakter im bundesstaatlichen Finanzgefüge beschränken sich die Bundesfinanzhilfen auf Bereiche, an denen der Bund wegen seiner Verantwortung für die gesamtwirtschaftliche Entwicklung und seiner Pflicht zur überregionalen Koordination ein besonderes Interesse hat.

Bundesfinanzhilfen nach Art. 104a Abs. 4 GG sind mithin nicht auf die Deckung des allgemeinen Finanzbedarfs der Länder gerichtet, sondern zweckgebunden. Sie dürfen darüber hinaus nur für „besonders bedeutsame" Investitionen gegeben werden. In diesem Rahmen gewährt der Bund Finanzhilfen nach Maßgabe seiner Finanzkraft für Investitionsaufgaben der Länder und Gemeinden, die ohne seine finanzielle Beteiligung nicht den gesamtstaatlichen Bedürfnissen entsprechend bewältigt werden können. Mit Finanzhilfen zur Abwehr einer Störung des gesamtwirtschaftlichen Gleichgewichtes oder zur Förderung wirtschaftlichen Wachstums dürfen darüber hinaus nur zusätzliche Investitionen der Länder und Gemeinden gefördert werden.

2.5.2 Grenzen

Zur Gewährung von Finanzhilfen auf der Grundlage von Art. 104a Abs. 4 GG ist der Bund nach Maßgabe seiner Finanzkraft zwar im Grundsatz verpflichtet. Im Hinblick auf die mit ihnen anzustrebende Verwirklichung bundespolitischer Ziele sind ihm jedoch zugleich enge Grenzen für eine Einflussnahme auf die Wahrnehmung von Länderaufgaben gesetzt. Nach dem grundlegenden Urteil des Bundesverfassungsgerichtes vom 04.03.75[2] müssen

– Finanzhilfen aus dem Bundeshaushalt an die Länder die Ausnahme bleiben und

---

[2] BVerfGE 39, 96 ff, 107

– in einer Weise gewährt werden, dass sie nicht zum Mittel der Einflussnahme auf die Entscheidungsfreiheit der Gliedstaaten bei der Erfüllung der ihnen obliegenden Aufgaben werden.

Die Gefahr unzulässiger Einflussnahme sieht das Gericht vor allem dann, wenn

– der Gesamtstaat allein das Ob und Wie einer Finanzhilfe bestimmt,

– die Länder auf die Bundesmittel angewiesen sind und

– die Entscheidung über die Gewährung der Finanzhilfe des Bundes zugleich wesentliche Teile des Haushalts der Länder festlegt, weil diese Komplementärmittel bereitstellen müssen.

Dem Bund ist es insbesondere verwehrt - außerhalb der Förderungsziele des Art.104a Abs. 4 GG - Bundesfinanzhilfen

– als Instrument direkter oder indirekter Investitionssteuerung zur Durchsetzung allgemeiner wirtschafts-, währungs-, raumordnungs- und strukturpolitischer Ziele des Bundes in den Ländern einzusetzen,

– von Bedingungen (Einvernehmens-, Zustimmungs- und Genehmigungsvorbehalte, Einspruchsrechte) und Dotationsauflagen finanzieller oder sachlicher Art abhängig zu machen,

– zu gewähren, die unmittelbar oder mittelbar die Planungs- und Gestaltungsfreiheit der Länder an bundespolitische Interessen und Absichten binden können.

2.5.3 Grund- und Verwaltungsvereinbarungen

Mitplanungs-, Mitverwaltungs- und Mitentscheidungsbefugnisse - gleich welcher Art - im Aufgabenbereich der Länder, ohne dass die Verfassung dem Bund entsprechende Sachkompetenzen übertragen hat, verstoßen gegen das grundgesetzliche Verbot einer sog. Mischverwaltung. Den Rahmen für die jeweiligen Verwaltungsvereinbarungen auch in den Bereichen „Städtebauförderung" und „Wohnungsbauförderung" bildet insoweit die

„Grundvereinbarung zwischen dem Bund und den Ländern über die Gewährung von Finanzhilfen des Bundes an die Länder nach Art. 104a Abs. 4 des Grundgesetzes" vom 19.09.86[3].

Bund und Länder bestimmen danach in den Einzelvereinbarungen u. a.

- das jeweilige Förderziel nach Art. 104a Abs. 4 GG

- die Investitionsbereiche

- die Arten der zu fördernden Investitionen

- die Art, Höhe und Dauer der Finanzhilfen des Bundes sowie

- die Verteilung der Finanzhilfen auf die betroffenen Länder

nach einem in gleicher Weise geltenden allgemeinen und sachgerechten Maßstab.

Der Bund schließt die Verwaltungsvereinbarung mit allen gleichermaßen betroffenen Ländern zugleich ab (Prinzip der Einstimmigkeit).

---

[3] MinBlFin 1986, S. 238

3 Gemeinschaftsaufgabe „Ausbau und Neubau von Hochschulen einschließlich der Hochschulkliniken" (Art. 91a Abs. 1 Nr. 1 GG) - tatsächliche Gegebenheiten

3.1 Allgemeines

3.1.1 Rechtsgrundlagen und Ziele

Nach Art. 91a Abs. 1 Nr. 1 GG wirkt der Bund auf dem Gebiet des „Ausbaus und Neubaus von Hochschulen einschließlich der Hochschulkliniken" bei der Erfüllung von Aufgaben der Länder mit. Für die Mitwirkung und Mitfinanzierung des Bundes bei der Erfüllung der originären Länderaufgabe „Hochschulbau" bilden der Art. 91a GG einen abgeschlossenen Rahmen, außerhalb dessen er keine zweckgebundenen Mittel für die Erfüllung der Länderaufgabe „Hochschulbau" gewähren darf. Nähere Bestimmungen über das Verfahren und über die Einrichtungen für eine gemeinsame Rahmenplanung i.S.d. Art. 91a Abs. 2 und 3 GG sind durch das Hochschulbauförderungsgesetz (HBFG) vom 01.09.69 (BGBl. I S. 1556) getroffen worden.

Die Gemeinschaftsaufgabe „Hochschulbau" umfasste ursprünglich nur die wissenschaftlichen Hochschulen. Im Jahre 1970 wurde sie auf alle Hochschulen ausgedehnt (vgl. 27. Gesetz zur Änderung des Grundgesetzes). Gleichzeitig wurde dem Bund durch das Gesetz zur Änderung des Hochschulbauförderungsgesetzes vom 03.09.70[4] und Art. 1 des Gesetzes zur Änderung des Gesetzes über die Gemeinschaftsaufgaben vom 23.12.71[5] die Mitwirkung bei der Planung, dem Grunderwerb, bei Baumaßnahmen und bei der Beschaffung von Großgeräten eingeräumt. Mit der Änderung des HBFG vom 20.08.96[6] sollte „die Gemeinschaftsaufgabe Hochschulen wie-

---

[4] Gesetz zur Änderung des HBFG vom 03.09.70 (BGBl. I S. 1301)

[5] Gesetz zur Änderung des Gesetzes über die Gemeinschaftsaufgabe vom 23.12.71 (BGBl. I S. 2140)

[6] Zweites Gesetz zur Änderung des Hochschulbauförderungsgesetzes vom 20.08.96 (BGBl. I S. 1327)

3 Gemeinschaftsaufgabe „Ausbau und Neubau von Hochschulen einschließlich der Hochschulkliniken" (Art. 91a Abs. 1 Nr. 1 GG) - tatsächliche Gegebenheiten

der auf ihre wesentlichen Aufgaben konzentriert werden"[7].

Die Ziele der Gemeinschaftsaufgabe „Hochschulbau" sind in § 2 HBFG aufgeführt. Danach haben Bund und Länder darauf hinzuwirken, dass

- „die Hochschulen ... ein zusammenhängendes System bilden, durch das ein ausreichendes und ausgeglichenes Angebot an Ausbildungs- und Forschungsplätzen gewährleistet wird,"

- „an den Hochschulen ... Förderschwerpunkte ... gefördert werden",

- „die baulichen Voraussetzungen für ein ausgewogenes Verhältnis von Forschung und Lehre und für eine funktionsgerechte Hochschulstruktur und Neuordnung des Studiums geschaffen werden,"

- „eine möglichst günstige Ausnutzung der vorhandenen und neuen Einrichtungen ... gewährleistet ist,"

- „die Grundsätze und Ziele der Raumordnung und Landesplanung beachtet werden."

§ 3 Abs. 1 HBFG umschreibt die im Rahmen der Gemeinschaftsaufgabe förderbaren Maßnahmen genauer; insbesondere zählen dazu der nötige Grundstückserwerb (Nr. 2), die Errichtung von Bauten (Nr. 3) und die Beschaffung von Großgeräten (Nr. 4).

3.1.2 Mittel des Bundes

Die Ausgaben für das Hochschulwesen wurden bis einschließlich 1994 bei Kap. 3105, im Haushaltsjahr 1995 bei Kap. 3023 - jeweils mit der Zweckbestimmung „Hochschule und Wissenschaft" - und ab dem Haushaltsjahr 1996 bei Kap. 3004 „Hochschulen, Wissenschaft und Ausbildungsförderung" veranschlagt. Nach der Vorbemerkung zu Kap. 3004 des Bundeshaushaltsplans enthält dieses Kapitel u. a. die Ausgaben des Bundes für die Mitwirkung im Bereich der Planung sowie des Neu- und Ausbaus von Hochschulen. Für diese Maßnahmen hatte der Bund in den Haushaltsjahren 1991 bis

---

[7] Vgl. Begründung zum Gesetzentwurf, Allgemeiner Teil, BR-Drs. 210/96

3 Gemeinschaftsaufgabe „Ausbau und Neubau von Hochschulen einschließlich der Hochschulkliniken" (Art. 91a Abs. 1 Nr. 1 GG) - tatsächliche Gegebenheiten

2002 insgesamt 22,13 Mrd. DM wie folgt veranschlagt (Soll):

Aus- und Neubau von Hochschulen (Kap. 3004, Tit. 882 01)

Jahr	1991	1992	1993	1994	1995	1996	1997	1998	1999	2000	2001	2002
Mrd. DM	1,6	1,6	1,68	1,68	1,8	1,8	1,8	1,8	2,0	2,0	2,22	2,15

Die Höhe der vom Bund bereitgestellten Mittel für die Gemeinschaftsaufgabe „Hochschulbau" wurde in den letzten Jahren unabhängig von den Anmeldungen der Länder festgelegt. Sie richtete sich ausschließlich nach allgemeinen Grundsätzen und Leitlinien der Haushalts- und Finanzpolitik des Bundes. Allgemeine hochschulfachliche Belange oder der von den Ländern gemeldete Bedarf hatten keinen Einfluss auf die Festsetzung der Bundesmittel. Einen besonderen Finanzierungsschwerpunkt bildeten die Hochschulkliniken.

3.2 Verfahrensbeteiligte

3.2.1 Bundesministerium für Bildung und Forschung sowie Bundesministerium der Finanzen

Im Bundesministerium für Bildung und Forschung (BMBF) werden die Aufgaben der Hochschulbauförderung in drei Referaten wahrgenommen. Es werden jährlich mehrere Tausend Anmeldungen der Länder zum Hochschulbau bearbeitet, zunächst auf Plausibilität geprüft und IT-mäßig erfasst.

Beim BMF ist im Wesentlichen das sog. „Spiegelreferat" für den Epl. 30 des Bundeshaushalts an der Haushaltsaufstellung und der Bereitstellung der Haushaltsmittel des Bundes für die Gemeinschaftsaufgabe „Hochschulbau" beteiligt.

3.2.2 Planungsausschuss

Für die gemeinsame Rahmenplanung i.S.d. Art. 91a Abs. 3 GG bilden die Bundesregierung und die Landesregierungen einen Planungsausschuss (§ 7 HBFG), dessen Aufgabe es ist, den Rahmenplan aufzustellen und fortzuschreiben; seine Beschlüsse haben nicht nur vorbereitenden oder empfehlenden Charakter, sondern binden die Regierungen des Bundes und der Länder (§ 10 HBFG). Dem Planungsausschuss gehören neben dem BMBF das BMF und je ein Minister/eine Ministerin (ein Senator/eine Senatorin) der Länder an. Die Beschlüsse des Planungsausschusses bedürfen zu ihrer Wirksamkeit der Stimmenmehrheit von Bund und Ländern, wobei der Bund ebenso viele Stimmen auf sich vereinigt (16) wie die Länder zusammen.

Die Personal- und Sachkosten des Planungsausschusses werden ausschließlich vom Bund getragen, während die Länder die Reisekosten ihrer Vertreter zu den Ausschuss-Sitzungen übernehmen.

3.2.3 Wissenschaftsrat und Deutsche Forschungsgemeinschaft

Der Wissenschaftsrat (WR) als Beratungseinrichtung zu Fragen der inhaltlichen und strukturellen Entwicklung der Hochschulen, der Wissenschaft und der Forschung beruht auf dem seither immer wieder verlängerten Abkommen zwischen Bund und Ländern vom 05.09.57. Zu seinen Aufgaben gehören u.a. die in § 9 HBFG besonders genannten Tätigkeiten (Erarbeitung von Empfehlungen zum Rahmenplan). Nach Art. 3 des Verwaltungsabkommens sind Bundesregierung und Landesregierungen verpflichtet, die Empfehlungen des Wissenschaftsrates bei der Aufstellung ihrer Haushaltspläne, insbesondere bei der Hochschulbauförderung, im Rahmen ihrer haushaltsmäßigen Möglichkeiten zu berücksichtigen.

Da dem Wissenschaftsrat keine hinreichenden Möglichkeiten zur Verfügung stehen, um die Notwendigkeit von Gerätebeschaffungen der Länder für Zwecke der Hochschulen (vgl. § 3 Abs. 1 Nr. 4 HBFG) zu beurteilen, gibt die Deutsche Forschungsgemeinschaft (DFG), deren Verwaltungsaufwand zur Hälfte vom Bund getragen wird, entsprechende gutachtliche Stellungnahmen ab.

3.2.4 Ministerien der Länder

Nach Art. 91a GG wirkt der Bund zwar im Bereich des Aus- und Neubaus von Hochschulen einschließlich der Hochschulkliniken bei der Erfüllung

3 Gemeinschaftsaufgabe „Ausbau und Neubau von Hochschulen einschließlich der Hochschulkliniken" (Art. 91a Abs. 1 Nr. 1 GG) - tatsächliche Gegebenheiten

von Aufgaben der Länder mit. Die Vorhabenplanung und die Durchführung der jeweiligen Rahmenpläne (§ 11 Abs. 1 HBFG) selbst fällt jedoch ausschließlich in deren Zuständigkeitsbereich. Diese lassen die Gemeinschaftsaufgabe entsprechend ihren jeweiligen Zuständigkeitsregelungen von den Wissenschafts-, Forschungs- und Finanzministerien unter Einschaltung ihrer Bauverwaltungen durchführen.

3.3 Verfahren

3.3.1 Funktion und Aufstellung des Rahmenplanes

Der nach § 5 Abs. 1 HBFG von Bund und Ländern für die Gemeinschaftsaufgabe „Hochschulbau" gemeinsam erstellte Rahmenplan fasst die Ziele und Vorhaben zusammen, die im Bereich des Hochschulbaus in einem bestimmten Planungszeitraum verwirklicht werden sollen. Dem Rahmenplan kommt nach § 10 HBFG eine rechtliche Bindungswirkung für die Regierungen des Bundes und der Länder (nicht aber für die Parlamente, vgl. Art. 91a Abs. 4 Satz 4 GG) zu. Im Gegensatz zur „Rahmenplanung" bleibt die „Detailplanung" im Hochschulbau ausschließlich Sache der Länder. Nur im Rahmenplan enthaltene Vorhaben können vom Bund als Gemeinschaftsaufgabe mitfinanziert werden. Den Ländern bleibt es dagegen unbenommen, Baumaßnahmen im Hochschulbereich auch außerhalb der gemeinsamen Rahmenplanung auf eigene Kosten durchzuführen.

Für die Anmeldung zum jeweiligen Rahmenplan sieht das HBFG eine enge zeitliche Begrenzung vor, um die einzelnen Verfahrensschritte (Anmeldungen der Länder, Empfehlungen des Wissenschaftsrates) zu straffen. Adressaten der Anmeldungen der Länder sind das BMBF und der Wissenschaftsrat, denen die Anträge auch im Einzelnen zu erläutern und zu begründen sind. Die Prüfung durch das BMBF beschränkt sich schon angesichts der Vielzahl von Anmeldungen und Projekten im Wesentlichen auf eine Plausibilitäts- und überschlägige Rechtmäßigkeitsprüfung sowie auf die IT-mäßige Erfassung und den Abgleich mit vorhandenen Daten. Der Wissenschaftsrat verabschiedet seine Empfehlungen zu den Anmeldungen der Länder Mitte Mai jeden Jahres. Anschließend wird vom BMBF die Prüfung der angemeldeten Vorhaben unter rechtlichen Gesichtspunkten sowie unter Berücksichtigung der Empfehlungen des Wissenschaftsrats konkretisiert und das Ergebnis im Mai/Juni mit den Ländern beraten. Der Rahmenplan ist nach § 5 Abs. 2 HBFG jeweils bis zum 1. Juli eines jeden Jahres zu verabschieden.

Bei der Ermittlung und Aufteilung der Finanzmittel auf die Länder spielen fachliche Erkenntnisse oder Zielsetzungen keine ausschlaggebende Rolle. So werden in der Regel von den Ländern Vorhaben in einer Höhe angemeldet, die die ausschließlich nach allgemeinen haushaltspolitischen Erwägungen festgelegten Mittel des Bundes deutlich übersteigen. Der Planungsausschuss passt dann die vorgesehenen Maßnahmen nach einem rechnerischen Verfahren dem finanziellen Volumen des Rahmenplans an.

Als einen Maßstab für die Beurteilung bestimmter angemeldeter Neubau-Vorhaben hat der Planungsausschuss Kostenrichtwerte (DM pro m^2 Hauptnutzfläche) für Bauinvestitionen festgelegt. Sie gelten zugleich als Richtwerte für die Planung einzelner Vorhaben. In gleicher Weise wird bei der Beurteilung des Flächenbedarfs der Hochschuleinrichtungen ein Flächenrichtwert zugrunde gelegt, um die Zahl der flächenbezogenen Studienplätze ermitteln zu können.

3.3.2 Durchführung des Rahmenplans

Entsprechend § 12 Abs. 2 HBFG leistet der Bund am Anfang eines jeden Jahres vorläufige „Erstattungs- und Vorauszahlungszuweisungen" an die Länder.

Zu Beginn der zweiten Jahreshälfte finden die sog. Bedarfsverhandlungen zwischen BMBF und den 16 Ländern (getrennt voneinander) statt. Ziel ist es, den Ausgabebedarf der Länder im laufenden Haushaltsjahr festzustellen. Das BMBF spricht bei den Bedarfsverhandlungen vor Ort alle Vorhaben mit den Ländern durch und stellt als Ergebnis der örtlichen Verhandlungen den nach seiner Meinung realistischen Finanzierungsanteil des Bundes fest. Nach Abschluss der Bedarfsverhandlungen entscheidet das BMBF über die

Freigabe der Restmittel und ggf. über weitere Zuweisungen an die Länder. Die vom Bund zugewiesenen Haushaltsmittel sind zweckgebunden und dürfen nur unter Beachtung der vom Planungsausschuss beschlossenen Vorbehalte sowie der Finanzierungsvorbehalte des Bundes verwendet werden. Maßgebend für die Inanspruchnahme der Mittel sind die im HBFG festgelegten Höchstgrenzen.

Zur Feststellung des Mittelbedarfs und Baufortschritts sind die Länderminister/-senatoren nach § 12 Abs. 2 Satz 2 HBFG verpflichtet, dem BMBF jeweils in Form der sog. § 12 - Listen jährlich die Höhe der verausgabten Mittel, den Stand und die voraussichtliche Entwicklung der Vorhaben mitzuteilen. Die Erstellung dieses listenmäßigen Ausgabenachweises verursacht bei den Ländern ebenso wie deren Kontrolle beim BMBF einen erheblichen Verwaltungsaufwand, der zu den umfangreichen Bedarfsverhandlungen noch hinzukommt.

4 Gemeinschaftsaufgabe „Verbesserung der regionalen Wirtschaftsstruktur" (Art. 91a Abs. 1 Nr. 2 GG) - tatsächliche Gegebenheiten

4.1 Allgemeines

4.1.1 Rechtsgrundlagen und Ziele

Nach Art. 91a Abs. 1 Nr. 2 GG wirkt der Bund auf dem Gebiet der „Verbesserung der regionalen Wirtschaftsstruktur" bei der Erfüllung von Aufgaben der Länder mit. Die grundsätzliche Zuständigkeit der Länder für die Wirtschaftspolitik nach Art. 30, 83 ff. GG bleibt dadurch unberührt.

Der Bund trägt die Hälfte der Ausgaben (Art. 91a Abs. 4 Satz 1 GG). Da es sich um eine originäre Länderaufgabe handelt, sind die Länder frei, über die im Rahmen der Gemeinschaftsaufgabe finanzierten Maßnahmen hinaus weitere Wirtschaftsstrukturmaßnahmen aus ihren Haushalten zu finanzieren. Dem Bund ist es seinerseits allerdings wegen der grundsätzlichen Lastenverteilung nach Art. 104a Abs. 1 GG nicht möglich, außerhalb der Gemeinschaftsaufgabe weitere Strukturförderungen zu finanzieren.

Nach dem aufgrund von Art. 91a Abs. 2 GG erlassenen Gesetz über die Gemeinschaftsaufgabe „Verbesserung der regionalen Wirtschaftsstruktur" (GRW) gehören folgende Maßnahmen zur Gemeinschaftsaufgabe (§ 1 Abs. 1):

– Förderung der gewerblichen Wirtschaft bei Errichtung, Ausbau, Umstellung oder grundlegender Rationalisierung von Gewerbebetrieben,

– Förderung des Ausbaus der Infrastruktur, soweit es für die Entwicklung der gewerblichen Infrastruktur erforderlich ist.

Die Fördermaßnahmen dürfen nur in Gebieten durchgeführt werden, deren Wirtschaftskraft erheblich unter dem Bundesdurchschnitt liegt oder erheblich darunter abzusinken droht oder in denen Wirtschaftszweige vorherrschen, die vom Strukturwandel in einer Weise betroffen sind, dass erhebliche negative Rückwirkungen auf die Region entstehen (§ 1 Abs. 2). Die

Förderung hat u. a. auf die Erfordernisse der Europäischen Gemeinschaft (EG) Rücksicht zu nehmen und soll sich auf räumliche und sachliche Schwerpunkte konzentrieren (§ 2 Abs. 2). Finanzhilfen werden nur bei einer angemessenen Beteiligung des Empfängers gewährt (§ 2 Abs. 4). Die finanzielle Förderung kann in der Gewährung von Investitionszuschüssen, Darlehen, Zinszuschüssen und Bürgschaften bestehen (§ 3). Ein Rahmenplan für die Gemeinschaftsaufgabe (§ 5) enthält die

– Gebiete,

– angestrebten Ziele,

– Maßnahmen und die vorzusehenden Mittel,

– Voraussetzungen, Art und Intensität der Förderung.

4.1.2   Mittel des Bundes

Die Mittel des Bundes für die „Verbesserung der regionalen Wirtschaftsstruktur" werden im Kap. 0902 Tgr. 12 etatisiert. Es sind zwei investive Titel ausgebracht, und zwar getrennt „Zuweisungen für betriebliche Investitionen und wirtschaftsnahe Infrastrukturmaßnahmen" für die alten Länder (Titel 882 82) und für die neuen Länder (Titel 882 88). Dazu treten Mittel aus dem Europäischen Fonds für regionale Entwicklung (EFRE) für die gleichen Aufgaben (Titel 882 91 für die neuen und Titel 882 92 für die alten Länder). Ausgaben aus diesen Titeln dürfen bis zur Höhe der zweckgebundenen Ist-Einnahmen in Kap. 6006 Titel 286 06 und 286 05 geleistet werden.

Auf die Zuweisungen an die neuen Länder entfallen durchschnittlich rd. 90 % der gesamten Fördermittel des Bundes. Bei Berücksichtigung der zusätzlichen EFRE-Mittel verändert sich das Verhältnis nur unwesentlich. Die Titelansätze haben sich in den letzten Haushaltsjahren wie folgt entwickelt:

Titel 882 82 Zuweisungen an die alten Länder

Jahr	1990	1991	....	1995	1996	1997	1998	1999	2000	2001	2002
Mio. DM	480	670[8]	...	350	350	350	205	235	242	285	265

Titel 882 88 Zuweisungen an die neuen Länder

Jahr	1990	1991	....	1995	1996	1997	1998	1999	2000	2001	2002
Mio. DM	---	2000	...	3750	3200	2850	2938	2576	2291	1992	1698

Die Ist-Ausgaben der Titel 882 91 und 882 92 haben sich wie folgt entwickelt:

Titel 882 91 Zuweisungen an die neuen Länder

Jahr	1994	1995	1996	1997	1998	1999	2000	2001
Mio. DM	697,7	336,8	739,6	895,4	698,9	807,9	648	284

Titel 882 92 Zuweisungen an die alten Länder

Jahr	1994	1995	1996	1997	1998	1999	2000	2001
Mio. DM	---	---	---	6,2	14,8	17	5,7	48

4.2　Verfahrensbeteiligte

4.2.1　Bundesministerium für Wirtschaft und Technologie und Bundesministerium der Finanzen

Die Fachaufgaben des Bundes im Zusammenhang mit der regionalen Wirtschaftsstrukturförderung nach Art. 91a Abs. 1 Nr. 2 GG werden vom Bundesministerium für Wirtschaft und Technologie (BMWi) wahrgenommen.

---

[8] Einschließlich der Titel 882 85 - 87 für besondere Programme

Dort besteht u.a. dafür ein Fachreferat. Im Haushaltsreferat werden weitere Personalkapazitäten benötigt. Das Bundesamt für Wirtschaft und Ausfuhrkontrolle (BAFA) im Ressortbereich des BMWi hat für die Sammlung der statistischen Daten und für Plausibilitätsüberprüfungen der Bewilligungsbescheide ein eigenes Referat eingerichtet.

Im BMF sind 2 Referate (Spiegelreferat zum Einzelplan 09 und Fachreferat mit Vertretung des Ministeriums im Planungsausschuss - siehe Tz. 4.2.2) an der Gemeinschaftsaufgabe beteiligt.

4.2.2 Planungsausschuss

Weiterer Verfahrensbeteiligter ist der Planungsausschuss für die Gemeinschaftsaufgabe „Verbesserung der regionalen Wirtschaftsstruktur" (PRW) als gemeinsames Organ von Bund und Ländern mit selbständiger Entscheidungsbefugnis mit seinen Unterausschüssen. Er wird von Bundesregierung und Landesregierungen für die Aufstellung des Rahmenplans gebildet. Ihm gehören der Bundesminister/die Bundesministerin für Wirtschaft und Technologie als Vorsitzender/Vorsitzende, der Bundesminister/die Bundesministerin der Finanzen und ein Minister/eine Ministerin (ein Senator/eine Senatorin) jedes Landes an. Das Fachreferat im BMWi nimmt die Aufgaben einer Geschäftsstelle des Ausschusses wahr. Die Sachkosten des Ausschusses werden vom Bund getragen, während die Länder die Reisekosten ihrer Vertreter zur Sitzungswahrnehmung bezahlen.

4.2.3 Ministerien der Länder

Auf Seiten der Länder sind jeweils die Fachministerien an der Planung und Durchführung der Gemeinschaftsaufgabe beteiligt. Die Finanzressorts sind im Rahmen der Bereitstellung von Komplementärmitteln im Haushaltsverfahren betroffen.

4.2.4 Europäische Kommission

Da die Fördermaßnahmen der Gemeinschaftsaufgabe „Regionale Wirtschaftsstruktur" der Beihilfenkontrolle der EG unterliegen und der Rahmenplan von der Europäischen Kommission genehmigt werden muss, ist diese indirekt immer Verfahrensbeteiligter (Art. 87 ff. Vertrag zur Gründung der Europäischen Gemeinschaft - EG-Vertrag). Bei zahlreichen Maßnahmen nach der Gemeinschaftsaufgabe treten EG-Mittel additiv zu den Mitteln des Bundes und der Länder. Ein „Begleitausschuss", in dem die Europäische Kommission, der Bund (durch die Ressorts BMWi, BMVEL und BMA) und die Fachressorts der Länder vertreten sind, verfolgt die Durchführung der Förderkonzepte und bereitet die Entscheidungen der Europäischen Kommission - auch die sog. Notifikationen für Fördermaßnahmen im Rahmen der Gemeinschaftsaufgabe - vor.

4.3 Verfahren

4.3.1 Funktion und Aufstellung des Rahmenplans

Der laufende Rahmenplan umfasst jeweils den Zeitraum der Finanzplanung. Er enthält die Förderziele, die Voraussetzungen für eine Förderung, die Fördergebiete und die Art und Höhe der Förderung. Die vom Bund und von jedem Land im Planjahr bereitzustellenden und für die Folgejahre des Planungszeitraums vorzusehenden Mittel sind einzustellen. Die Aufteilung der Bundesmittel auf die Länder erfolgt nach einem Schlüssel, der aufgrund bestimmter Kriterien mehrjährig festgelegt wird.[9]

Primäres Ziel der Gemeinschaftsaufgabe ist die Schaffung von dauerhaft wettbewerbsfähigen Arbeitsplätzen in strukturschwachen Regionen. Die Gemeinschaftsaufgabe ist deshalb keine „sektorale" Förderung, sondern soll den sektoralen Strukturwandel in belasteten Regionen ermöglichen. Demnach soll es keine „Erhaltungssubventionen" geben. Die Gemeinschaftsaufgabe fördert nur Investitionen der gewerblichen Wirtschaft, wenn durch diese Investitionen zusätzliches Einkommen in der Region entsteht. Dieses Kriterium gilt als erfüllt, wenn ein Betrieb seine Produkte oder Leistungen überwiegend überregional absetzt (Primäreffekt). Man geht davon aus, dass

---

[9] Nach dem Schlüssel entfallen bei Titel 882 82 (alte Länder) rd. 60 % schwerpunktmäßig auf Nordrhein-Westfalen und Niedersachsen; bei Titel 882 88 (neue Länder) ist die Verteilung gleichmäßiger - das Land Sachsen als größer Empfänger erhält rd. 26 % der Mittel.

dieses zusätzliche Einkommen in Unternehmen mit lokaler und regionaler Ausrichtung - z. B. dem örtlichen Handwerk und dem Einzelhandel - zu zusätzlicher Nachfrage führt (Sekundäreffekt). Ausgeschlossen von der Förderung sind der Bereich der Land- und Forstwirtschaft - dieser wird von der Gemeinschaftsaufgabe „Agrarstruktur und Küstenschutz" nach Art. 91a Abs. 1 Nr. 3 GG (siehe dazu Tz. 5) erfasst -, das Bau-, Transport- und Lagergewerbe sowie die Zweige der „Ur"-Produktion, wie Bergbau oder Kies- und Steinabbau.

Förderfähig sind Investitionsausgaben für die Errichtung oder Erweiterung einer Betriebsstätte, zum Erwerb einer stillgelegten oder von Stilllegung bedrohten Betriebsstätte und für Modernisierung. Neben der einzelbetrieblichen Förderung sind Infrastrukturmaßnahmen förderfähig, wenn sie insbesondere der Erschließung von Industrie- und Gewerbegelände und sog. Basiseinrichtungen der Fremdenverkehrsinfrastruktur dienen.

Mit dem 24. Rahmenplan wurde die Gemeinschaftsaufgabe um nichtinvestive Förderungen ergänzt. Demnach können auch Landesprogramme in den Bereichen Beratung, Schulung, Humankapitalbildung sowie Forschung und Entwicklung bezuschusst werden.

Grundsätzlich ist es Aufgabe der Länder, im Rahmen der Regelungen eigene Förderschwerpunkte zu setzen. Sie können hierzu landesinterne Förderrichtlinien erlassen. Dem Planungsausschuss ist Gelegenheit zur Beratung der Richtlinien zu geben.

Der beschlossene Rahmenplan wird der Bundesregierung und den Landesregierungen mitgeteilt. Die im nächsten Jahr erforderlichen Mittelansätze werden sodann in die Entwürfe der jeweiligen Haushaltspläne von Bund und Ländern aufgenommen. Formal werden die zur Verfügung stehenden Haushaltsmittel jedoch in den parlamentarischen Verfahren festgesetzt und in den Rahmenplan nachrichtlich übernommen.

Das Fördergebiet der Gemeinschaftsaufgabe ist nach sog. objektiven Regionalindikatoren in drei Kategorien aufgeteilt. Die sog. A-Fördergebiete umfassen die Gesamtfläche der neuen Länder ausschließlich der etwas entwickelteren Gebiete. Die entwickelteren Gebiete in den neuen Ländern sind B-Fördergebiete, Gebiete mit Strukturschwächen in den alten Ländern sind C-Fördergebiete. Die Länder Hamburg und Baden-Württemberg haben wegen ihrer Wirtschaftskraft keine Fördergebiete und erhalten deshalb auch keine Mittel aus der Gemeinschaftsaufgabe. Die Fördergebiete werden in einem Rhythmus von drei bis vier Jahren neu abgegrenzt, die letzte Anpassung gab es zum 01.01.00. Da die Europäische Kommission den deutschen Fördergebietsplafonds reduziert hatte, wurde eine vierte Fördergebietskategorie eingeführt. Diese sog. D-Fördergebiete sollen in den alten Ländern eine eingeschränkte Förderung von kleinen und mittleren Unternehmen sowie von Infrastrukturmaßnahmen ermöglichen.

Die Bundesmittel werden entsprechend dem Anteil der im jeweiligen Fördergebiet lebenden Einwohner auf die betreffenden Länder verteilt.

Für die einzelnen Fördergebiets-Kategorien gelten verschiedene Förderhöchstsätze. Für die Kategorie A liegt der Höchstsatz - beschränkt auf kleinere und mittlere Unternehmen - bei 50 %, im Bereich der Infrastrukturförderung bei 90 % der förderfähigen Kosten.

4.3.2 Durchführung des Rahmenplans

Die Durchführung des Rahmenplans ist nach § 9 Abs. 1 des Gesetzes über die Gemeinschaftsaufgabe „Verbesserung der regionalen Wirtschaftsstruktur" (GRW) ausschließlich Aufgabe der Länder. Die Landesregierungen unterrichten Bundesregierung und Bundesrat jedoch auf Verlangen über die Abwicklung des Rahmenplans.

Die Mittel werden auf Antrag als verlorene Zuschüsse gewährt, ohne dass ein Rechtsanspruch besteht. Von der gesetzlichen Möglichkeit, aus der Gemeinschaftsaufgabe auch Darlehen und Zinszuschüsse zu gewähren, wird nicht Gebrauch gemacht. Die Zuschüsse werden von den Ländern in der haushaltsrechtlichen Form der Zuwendung vergeben. Der Bund erstattet sie ihnen nach dem jeweiligen Stand der Maßnahmen und der bereitgestellten

Haushaltsmittel in Form von Vorauszahlungen. Der Bund kann Mittel von einem Land zurückfordern, wenn die festgelegten Bedingungen ganz oder teilweise nicht erfüllt werden. Die zurückzuzahlenden Mittel sind zu verzinsen.

Die Länder melden dem BMWi (BAFA) monatlich die Förderfälle sowie die Inanspruchnahme der Fördermittel. Das BAFA unterzieht die Bewilligungsbescheide, die ihm zur statistischen Auswertung zugehen, einer Plausibilitätsprüfung hinsichtlich der Übereinstimmung mit den Regelungen des Rahmenplans. Fragliche Fälle werden dem BMWi zugeleitet, das die Bewilligungen seinerseits überprüft und ggf. von dem entsprechenden Land weitere Informationen bzw. Begründungen anfordert. Das BMWi entscheidet auf dieser Grundlage endgültig, ob die anteiligen Bundesmittel zurückgefordert werden können.

Bis Ende des Haushaltsjahres nicht in Anspruch genommene Barmittel - z. B. wegen Investitionsverzögerungen - werden im Regelfall als Ausgabereste übertragen. Werden Barmittel nicht mehr benötigt - z. B. bei fehlenden Komplementärmitteln des Landes - könnten diese haushaltsrechtlich anderen Ländern, die bereit sind, entsprechende Komplementärmittel aufzubringen, zur Verfügung gestellt werden. Allerdings muss darüber der Planungsausschuss beschließen.

Die Durchführung des Rahmenplans führt in Einzelfällen zu erheblichen Problemen. So wurde im Jahre 1996 gegen eine Fördermaßnahme des Landes Brandenburg für ein Großprojekt im Rahmen der Gemeinschaftsaufgabe der Vorwurf der Wettbewerbsverzerrung, an der der Bund mit Haushaltsmitteln mitwirke, erhoben. Da ein formaler Verstoß gegen den Rahmenplan nicht gegeben war, mussten trotz bestehender Zweifel an der Sinnhaftigkeit der Maßnahme die entsprechenden Bundesmittel bereitgestellt werden.

4.4   Wirtschaftsstrukturförderung durch die Europäische Gemeinschaft

Die EG fördert u.a. die strukturelle Anpassung und Entwicklung von Regionen mit Entwicklungsrückstand (Art. 158 EG-Vertrag). Zur Erreichung dieses Zieles setzt die EG nach Art. 159 EG-Vertrag insbesondere ihre drei Strukturfonds ein. Nach Art. 160 EG-Vertrag soll in erster Linie der Fonds für regionale Entwicklung (EFRE) regionale Ungleichgewichte in der Gemeinschaft ausgleichen.

Für Deutschland waren im Zeitraum von 1994 bis 1999 insgesamt Hilfen in Höhe von rd. 15,5 Mrd. ECU vorgesehen, die sich in etwa wie folgt verteilten:

- Ziel 1-Gebiete mit Entwicklungsrückstand (hierzu zählt die Gesamtfläche der neuen Länder): Rd. 13,6 Mrd. ECU

- Ziel 2-Gebiete mit rückläufiger industrieller Entwicklung (nur in den alten Ländern): Rd. 1,4 Mrd. ECU

- Ziel 5b-Wirtschaftliche Diversifizierung der ländlichen Gebiete (nur in den alten Ländern): Rd. 0,5 Mrd. ECU

Die Ziel 1-Gebiete decken sich mit den A- und B-Fördergebieten der Gemeinschaftsaufgabe (mit Ausnahme West-Berlins), die Ziel 2- und Ziel 5b-Gebiete umfassen auch Gebiete, die von ihr nicht erfasst werden.

Aus den Strukturfonds können auch nichtinvestive Ausgaben gefördert werden. Insofern sind deren Fördermöglichkeiten breiter angelegt als die der Gemeinschaftsaufgabe. Während in deren Rahmen nur verlorene Zuschüsse gezahlt werden (siehe Tz. 4.3.3) [10], sieht das Strukturförderungsprogramm der EG die Zahlung von Zuschüssen und die Gewährung von Darlehen als sich ergänzende Formen der Förderung vor.

Auch für EG-Mittel („Interventionen") gilt, dass sie nur zusätzlich zu für den gleichen Zweck bereitgestellten Mitteln des jeweiligen Mitgliedstaates gezahlt werden. Dabei gelten Förderhöchstsätze, die über den Höchstsätzen

---

[10] Die gesetzliche Möglichkeit, Darlehen oder Zinszuschüsse zu gewähren, wird in den Rahmenplänen ausgeschlossen. Nach Auffassung des BMWi sind Zuschüsse wirkungsvoller und weniger verwaltungsaufwendig. In den Planungsausschussakten fanden sich keine Hinweise auf Diskussionen zu dieser Frage. Das BMF äußerte dagegen die Auffassung, dass Darlehen weniger als „Mitnahmeeffekt" genutzt würden als Zuschüsse.

der Gemeinschaftsaufgabe liegen können. Während die EG-Mittel für Ziel 1-Gebiete überwiegend (zu rd. 76 %) in die Gemeinschaftsaufgabe eingehen und deren Finanzvolumen entsprechend erhöhen, wurden die übrigen EG-Mittel bis zum Jahr 1996 ausschließlich mit Landesmitteln kofinanziert. Erst ab dem Haushaltsjahr 1997 werden sie teilweise auch im Rahmen der Gemeinschaftsaufgabe eingesetzt. Im Ergebnis führt diese Einbindung zu einer Vergabe von EG-Fördermitteln nach den Regeln der Gemeinschaftsaufgabe. Da jede Form einer nationalen Beihilfe im Sinne der Art. 87 ff. EG-Vertrag der Zustimmung der Europäischen Kommission bedarf (Notifikation), kann diese Einfluss auf das Fördersystem der Gemeinschaftsaufgabe nehmen.

Ein fonds- und länderübergreifender Begleitausschuss verfolgte in der Strukturfondsförderperiode 1994 bis 1999 die Umsetzung des Gemeinschaftlichen Förderkonzepts für die Mitgliedstaaten mit Ziel 1-Gebieten. Für jeden Mitgliedstaat wurde ein Unterausschuss gebildet. Der nationale Vorsitz lag beim BMWi. Der Begleitausschuss sollte die verschiedenen strukturpolitischen Maßnahmen der regionalen oder nationalen Behörden des betreffenden Mitgliedstaates im Hinblick auf die strategischen Ziele koordinieren, in Zeitabständen die im Förderkonzept genannten Indikatoren - die zwischen der Europäischen Kommission und dem Mitgliedstaat vereinbart wurden - in Bezug auf Disparitäten und Entwicklungsrückstände analysieren und Änderungen nationaler Programme beraten, soweit durch diese der Einsatz der Strukturfonds beeinflusst wurde. Er hatte hinsichtlich der Notifikationen keine Entscheidungsbefugnis. Diese blieb der zuständigen Generaldirektion der Europäischen Kommission vorbehalten. Für Mitgliedstaaten mit Ziel 2-Gebieten gab es ebenfalls einen Begleitausschuss. Für die laufende Strukturfondsförderperiode 2000 bis 2006 wurde eine neue Strukturfondsverordnung verabschiedet, die Ziele, Mittel und Verfahren der Förderung regelt.

4 Gemeinschaftsaufgabe „Verbesserung der regionalen Wirtschaftsstruktur"
(Art. 91a Abs. 1 Nr. 2 GG) - tatsächliche Gegebenheiten

4.5 Investitionsförderung außerhalb der Gemeinschaftsaufgaben und der EG-Strukturfonds

Neben den Finanzmitteln der Gemeinschaftsaufgaben „Regionale Wirtschaftsstruktur". sowie „Agrarstruktur und Küstenschutz" (siehe dazu Tz. 5) und des EFRE (siehe dazu Tz. 4.4) gibt es weitere nationale und supranationale Formen der Investitionsförderung:

- ERP[11]-Regionalprogramm in den alten Ländern für Investitionen in Betrieben, die in Gebieten der Gemeinschaftsaufgabe „Regionale Wirtschaftsstruktur" liegen; Darlehen unter dem Marktzinsniveau mit langjähriger Zinsbindung öffentliche Zuschüsse primär zur Schaffung neuer Arbeitsplätze (teilweise Finanzierung durch öffentliche Zuschüsse)

- Kredite der Kreditanstalt für Wiederaufbau[12], speziell Investitionskredite für kleinere und mittlere Unternehmungen, Kredite zur Förderung wirtschaftlich benachteiligter Gebiete, Kredite für Gemeinden; Verbilligung der Kredite durch Bundesmittel

- Darlehen der Europäischen Investitionsbank (EIB)[13] für die Förderung wirtschaftlich schwacher Regionen

- Wirtschaftsförderung durch Landesbanken.

Zinsbegünstigte Darlehen oder andere Formen der Investitionsförderung werden mit ihrem Subventionswert angerechnet. Der Subventionswert aller aus öffentlichen Mitteln gewährten Zuschüsse und Darlehen darf die im Rahmenplan festgelegten Förderhöchstsätze nicht überschreiten. Der Subventionswert der Investitionszuschüsse ist gleich ihrem Nominalwert. Bei zinsvergünstigten Darlehen wird die Differenz zwischen einem festgelegten Normalzins und dem Effektivzinssatz ermittelt. Die Summe der Zinsvorteile in Prozent der förderfähigen Kosten ist der Subventionswert des Darlehens.

---

[11] European Recovery Program, (heute) ein nicht rechtsfähiges Sondervermögen, Vergabe durch die Kreditanstalt für Wiederaufbau

[12] Körperschaft des öffentlichen Rechts

[13] Finanzinstitut der EG mit eigener Rechtspersönlichkeit gemäß Art. 266 f. EG-Vertrag

Der Rahmen der vergünstigten Darlehensmöglichkeiten für betriebliche Investitionen wird nicht voll ausgeschöpft.

4.6 Erfolgskontrolle und Zielerreichung

Die Kontrolle der Rechtmäßigkeit des Vollzugs der Rahmenpläne obliegt den zuständigen Fachressorts beim Bund bzw. bei den Ländern und im Falle eingesetzter Mittel aus den Strukturfonds den fachlich zuständigen Generaldirektionen und der Generaldirektion für Finanzkontrolle der Europäischen Kommission. Die Durchführung der Rahmenpläne ist Aufgabe der Länder. Die Kontrollrechte des BMWi beschränken sich auf die Mittelanforderung und -vergabe durch die zuständigen Fachressorts der Länder. Grundsätzlich steht dem Bund nach Art. 91a Abs. 5 GG ein Informationsrecht zu. Das Informationsrecht wird in den Rahmenplänen teilweise konkretisiert. Die Meldungen der Länder zum Mittelabfluss und zum Stand der Maßnahmen dienen gleichzeitig auch statistischen Zwecken. Es ist vereinbart, dass sämtliche Bewilligungsbescheide im Rahmen der Gemeinschaftsaufgabe „Regionale Wirtschaftsstrukturförderung" dem BAFA für statistische Zwecke und für Plausibilitätskontrollen zugesandt werden (siehe Tz. 4.3.2).

Die Kompetenzen der Organe der unabhängigen Finanzkontrolle, d.h. des BRH, der Landesrechnungshöfe und des Europäischen Rechnungshofes, entsprechen den vorgenannten Kompetenzabgrenzungen zwischen Bund, Ländern und Europäischer Kommission.[14] Der Europäischen Kommission steht ein Kontrollrecht bis zum Endbegünstigten zu. Die Prüfer der Europäischen Kommission werden von Landesbediensteten, im Regelfall auch von Bundesbediensteten, begleitet. Das für die einzelnen Maßnahmen zuständige Land könnte allerdings gegen eine Begleitung durch Bundesbedienstete einwenden, der Bund habe keine Kompetenzen für die Durchführung der Maßnahme.

---

[14] In der sog. „Reichenhaller Erklärung" der Rechnungshöfe des Bundes und der Länder vom 11.05.76 hat der BRH diesbezüglich den Vorbehalt gemacht, dass er nach seiner Rechtsauffassung bei Bundesmitteln auch unterhalb der Ebene der Länderministerien und bei Dritten prüfen könne.

Die Erfolgskontrolle hat vor allem die Frage zu prüfen, ob mit den eingesetzten Mitteln die regionalpolitischen Ziele erreicht werden konnten und inwieweit erreichte Ziele auf den Mitteleinsatz zurückzuführen sind. Im Wesentlichen bestehen die Erfolgskontrollen aus verschiedenen, nach den Rahmenplänen aufzustellenden Statistiken. So werden z. B. bei der Gemeinschaftsaufgabe „Regionale Wirtschaftsstruktur" die Abweichungen der Angaben zu den Finanzmitteln und den zusätzlichen Dauerarbeitsplätzen in den Bewilligungsbescheiden ermittelt. Die Bundesregierung selbst gibt allerdings zu bedenken, dass die Frage der Kausalität von Förderung und Entwicklung problematisch ist und eine Überprüfung, ob wirklich neue Dauerarbeitsplätze entstanden sind, erst mit einer erheblichen zeitlichen Verzögerung möglich ist.

Neben verwaltungsintern erstellten Statistiken werden teilweise auch Evaluierungsaufträge an Dritte vergeben. Das kann durch einen Beschluss aller Beteiligten oder auch durch die Entscheidung einzelner an der Gemeinschaftsaufgabe beteiligter Gebietskörperschaften geschehen. Es gibt Gutachten zur Zielerreichungskontrolle, zur Wirkungskontrolle und auch zu der Frage, inwieweit Daten der Bundesanstalt für Arbeit für die einzelbetriebliche Erfolgskontrolle bei der Gemeinschaftsaufgabe nutzbar gemacht werden können. Daneben gibt es Stellungnahmen zu den Wirkungen der Gemeinschaftsaufgabe von interessierten Verbänden, Institutionen usw. wie z. B. dem Deutschen Industrie- und Handelstag.

5 Gemeinschaftsaufgabe „Verbesserung der Agrarstruktur und des Küstenschutzes" (Art. 91a Abs. 1 Nr. 3 GG) - tatsächliche Gegebenheiten

5.1 Allgemeines

5.1.1 Rechtsgrundlagen und Ziele

Nach Art. 91a Abs. 1 Nr. 3 GG wirkt der Bund auf dem Gebiet der „Verbesserung der Agrarstruktur und des Küstenschutzes" bei der Erfüllung der Aufgaben der Länder mit. Die grundsätzlichen Zuständigkeiten der Länder für die Agrarstruktur und den Küstenschutz nach Art. 30, 83 ff. bleiben dadurch unberührt. Der Bund trägt mindestens die Hälfte der Ausgaben (Art. 91a Abs. 4 Satz 2 GG). Darüber hinaus können den Ländern zusätzliche EG-Mittel zufließen.

Seit den Beschlüssen zur AGENDA 2000 bestehen neue rechtliche Grundlagen für die EG-Förderung der Entwicklung des ländlichen Raumes, in die die Gemeinschaftsaufgabe maßgeblich eingebunden ist. Grundsätzlich werden Maßnahmen der Verordnung (EG) Nr. 1257/99 durch den Einrichtungs- und Garantiefonds-Abteilung Garantie (EAGFL-G) kofinanziert. In Ziel 1-Gebieten erfolgt die Kofinanzierung mit Ausnahme bestimmter Maßnahmen (Ausgleichszulage, Agrarumweltmaßnahmen, Erstaufforstung, Vorruhestand) aus dem Einrichtungs- und Garantiefonds - Abteilung Ausrichtung (EAGFL-A). Die EG-Finanzierungssätze sind in den Ziel 1-Gebieten und den übrigen Gebieten unterschiedlich.

Der Bund hat außerhalb der Gemeinschaftsaufgabe keine Finanzierungskompetenz für weitere Strukturförderungen (vgl. Art. 104a Abs. 1 GG). Da es sich um originäre Länderaufgaben handelt, sind die Länder jedoch ihrerseits frei, weitere Maßnahmen über die Gemeinschaftsaufgabe hinaus aus ihren Haushalten zu finanzieren.

5 Gemeinschaftsaufgabe „Verbesserung der Agrarstruktur und des Küstenschutzes" (Art. 91a Abs. 1 Nr. 3 GG) - tatsächliche Gegebenheiten

Nach dem gemäß Art. 91a Abs. 2 GG erlassenen Gesetz über die Gemeinschaftsaufgabe „Verbesserung der Agrarstruktur und des Küstenschutzes" (GAKG)[15] werden in deren Rahmen folgende Aufgaben wahrgenommen:

- Maßnahmen zur Verbesserung der Produktions- und Arbeitsbedingungen, d. h. rationellere Gestaltung der Betriebe, markt- und standortangepasste Landwirtschaft, Ausgleich von natürlichen Standortnachteilen u. ä.;

- Maßnahmen zur Neuordnung des ländlichen Grundbesitzes;

- Umnutzung von Bausubstanz;

- wasserwirtschaftliche und kulturbautechnische Maßnahmen;

- Maßnahmen zur Verbesserung der Marktstruktur in der Land-, Fisch- und Forstwirtschaft;

- Maßnahmen des Küstenschutzes.

Es sollen räumliche und sachliche Schwerpunkte gebildet werden (§ 2 Abs. 2 Satz 1). Die finanzielle Förderung kann in der Gewährung von Zuschüssen, Darlehen, Zinszuschüssen und Bürgschaften bestehen (§ 3). Der Bund erstattet den Ländern die bei Durchführung des Rahmenplans entstandenen Ausgaben in der Regel in Höhe von 60 %, bei bestimmten Maßnahmen übernimmt er jedoch 80 %. Bei den Maßnahmen des Küstenschutzes trägt der Bund 70 % der Länderausgaben (§ 10). Beiträge, die vom Zuwendungsempfänger zur Tilgung und Verzinsung erhaltener Darlehen gezahlt werden, sind vom Land anteilig an den Bund abzuführen. Auch sind die Bundesanteile der Beträge, die nicht gemäß der festgelegten Bedingungen verwendet werden, dem Bund zu erstatten (§ 11).

5.1.2 Mittel des Bundes

Die Mittel des Bundes für die Gemeinschaftsaufgabe „Agrarstruktur und Küstenschutz" werden in einem eigenen Haushaltskapitel (10 03) etatisiert.

---

[15] In der Fassung der Bekanntmachung vom 21.07.1988 (BGBl. I S. 1055), zuletzt geändert durch Gesetz vom 02.05.02 (BGBl. I S. 1527).

5 Gemeinschaftsaufgabe „Verbesserung der Agrarstruktur und des Küstenschutzes"
(Art. 91a Abs. 1 Nr. 3 GG) - tatsächliche Gegebenheiten

Dessen Tgr. 01 umfasst die Titel 632 90 „Verbesserung der Agrarstruktur ohne Investitionen" und den Titel 882 90 „Verbesserung der Agrarstruktur und des Küstenschutzes - Investitionen". Der Investitionstitel wurde erst Mitte der 80er Jahre eingeführt. Das Bundesministerium für Verbraucherschutz, Ernährung und Landwirtschaft (BMVEL) sieht heute die Investitionsförderung als Schwerpunkt der Gemeinschaftsaufgabe an. Die Ausgaben sind übertragbar und gegenseitig deckungsfähig.

Eine Anlage zu Kap. 10 03 enthält eine weitere Aufgliederung der Mittel in verschiedene Titelgruppen mit annähernd 50 einzelnen Titelansätzen. Die Mittelansätze für die Gemeinschaftsaufgabe haben sich in den letzten Haushaltsjahren wie folgt entwickelt (Soll):

Titel 632 90 Verbesserung der Agrarstruktur und des Küstenschutzes
(ohne Investitionen)

Jahr	1990	1991	....	1995	1996	1997	1998	1999	2000	2001	2002
Mio. DM	570	600	...	810	725	705	705	684	700	700	692

Titel 882 90 Verbesserung der Agrarstruktur und des Küstenschutzes
(Investitionen)

Jahr	1990	1991	....	1995	1996	1997	1998	1999	2000	2001	2002
Mio. DM	5955	1570	...	1630	1590	1480	1004	1025	1000	1015	1093

5.2 Verfahrensbeteiligte

5.2.1 Bundesministerium für Verbraucherschutz, Ernährung und Landwirtschaft und Bundesministerium der Finanzen

Die Fachaufgaben des Bundes im Zusammenhang mit der „Agrarstruktur und Küstenschutz" nach Art. 91a Abs. 1 Nr. 3 GG werden vom BMVEL wahrgenommen. Dort ist hierfür ein Fachreferat eingerichtet. Im Haushalts referat werden weitere Personalkapazitäten benötigt. Im BMF ist ein Referat (Spiegelreferat zum Einzelplan 10) beteiligt.

5.2.2 Planungsausschuss

Weiterer Verfahrensbeteiligter ist der Planungsausschuss für die Gemeinschaftsaufgabe „Verbesserung der Agrarstruktur und des Küstenschutzes" (PLANAK), den die Bundesregierung und die Landesregierungen als gemeinsames Organ von Bund und Ländern bilden. Ihm gehören der Bundesminister/die Bundesministerin für Verbraucherschutz, Ernährung und Landwirtschaft als Vorsitzender/Vorsitzende, der Bundesminister/die Bundesministerin der Finanzen und ein Minister/eine Ministerin (ein Senator/eine Senatorin) jedes Landes an. Das Fachreferat im BMVEL nimmt u. a. die Aufgaben einer Geschäftsstelle des Ausschusses wahr. Die Sachkosten des Ausschusses werden ausschließlich vom Bund getragen; die Länder übernehmen die Reisekosten ihrer Vertreter zu den Sitzungen.

5.2.3 Ministerien der Länder

Auf Seiten der Länder sind jeweils die Fachministerien an der Abwicklung der Gemeinschaftsaufgabe beteiligt. Die Finanzressorts sind im Rahmen der Bereitstellung von Komplementärmitteln im Haushaltsverfahren betroffen.

5.2.4 Europäische Kommission

Da die Förderungen im Rahmen der Gemeinschaftsaufgabe „Agrarstruktur und Küstenschutz" genauso wie die bei der Gemeinschaftsaufgabe „Regionale Wirtschaftsstruktur" (siehe Tz. 4) der Beihilfenkontrolle der EG unterliegen und der Rahmenplan von der Europäischen Kommission genehmigt werden muss, ist diese auch hier indirekt immer Verfahrensbeteiligter (Art. 36, Art. 87 ff. EG-Vertrag).

5.3 Verfahren

5.3.1 Funktion und Aufstellung des Rahmenplans

Zur Erfüllung der Gemeinschaftsaufgabe wird ein gemeinsamer Rahmenplan aufgestellt. Er ist jedes Jahr sachlich zu prüfen und der Entwicklung anzupassen. Der Rahmenplan bezeichnet die Maßnahmen mit den ihnen zugrunde liegenden Zielvorstellungen. Er weist die Arten der Förderung und die vom Bund und von jedem Land bereitzustellenden Mittel aus. Ferner enthält er die Fördergrundsätze, die Förderungsvoraussetzungen und die Art und Höhe der Förderung. Im Gegensatz zur Gemeinschaftsaufgabe „Regionale Wirtschaftsstruktur" (siehe Tz. 4) ist die Gemeinschaftsaufgabe „Agrarstruktur und Küstenschutz" eine sektorale Förderung, auch wenn das GAKG ausdrücklich die Bildung regionaler Schwerpunkte vorsieht (§ 2 Abs. 2). Es gibt keine nach alten und neuen Ländern getrennte Förderungsgrundsätze mehr. Das Agrarinvestitionsförderungsprogramm (AFP) ist seit dem Jahr 1997 auf eine einheitliche Grundlage gestellt. Maßnahmen im Bereich der Marktstrukturverbesserung werden seit dem Jahr 2000 im gesamten Bundesgebiet einheitlich durchgeführt. Lediglich in einigen Fördergrundsätzen sind im Hinblick auf den besonderen Anpassungsbedarf in den neuen Ländern noch günstigere Konditionen enthalten, die jedoch jährlich überprüft werden.

Die Rahmenpläne beider Gemeinschaftsaufgaben umfassen den jeweiligen Zeitraum der Finanzplanung. Auch der für die Gemeinschaftsaufgabe „Agrarstruktur und Küstenschutz" enthält die in den einzelnen Haushaltsjahren durchzuführenden Maßnahmen und die ihnen zugrunde liegenden Ziele. Der Rahmenplan weist die Arten der Förderung - nach Ländern getrennt - und die im nächsten Jahr vom Bund und dem jeweiligen Land bereitzustellenden und die für die folgenden Planungsjahre vorzusehenden Mittel aus. Ähnlich wie bei der Gemeinschaftsaufgabe „Regionale Wirtschaftsstruktur" wird ein jeweils für mehrere Jahre verbindlich festgelegter Schlüssel für die Mittelaufteilung auf die Länder gebildet.[16]

Die nicht quantifizierbaren Förderziele der Gemeinschaftsaufgabe „Agrarstruktur und Küstenschutz" sind heterogener als die der Gemeinschaftsaufgabe „Regionale Wirtschaftsstruktur". Der Zielkatalog wird zudem ständig

---

[16] Auf die Länder Bayern, Niedersachsen, Brandenburg und Mecklenburg-Vorpommern entfallen rd. 50 % der Mittel.

verändert, da das BMVEL in der Zielsetzung einen dynamischen Prozess sieht, in dem Maßnahmen stetig weiterentwickelt, Prioritäten neu gewichtet und überholte Grundsätze bzw. als erreicht erkannte Ziele aufgegeben werden. Insgesamt gibt es derzeit 18 „Grundsätze" für verschiedene Förderprogramme. Bei der Erörterung einzelner „Grundsätze" treten zwischen den Ländern oft erhebliche Meinungsunterschiede auf. Die Diskussionen sind nicht auf die Zeit unmittelbar vor Beschluss des Rahmenplans beschränkt, sondern erscheinen als ständiger Prozess. Ergänzende Beschlüsse zum Rahmenplan werden in der Regel im Umlaufverfahren während der Vollzugsphase gefasst.

Den Förderprogrammen sind jeweils eigene Förderziele zugeordnet. Da es sich um sektorale Förderungen handelt, gibt es keine unmittelbar regionalen Kategorisierungen. Z. B. bestimmen die „Grundsätze für die Förderung landwirtschaftlicher Betriebe in benachteiligten Gebieten" als Förderziel die Schaffung und Sicherung standortgerechter Agrarstrukturen in Berggebieten, benachteiligten Agrarzonen und sog. kleinen Gebieten. Gegenstand der Förderung können sowohl Zweckforschungen und Untersuchungen als auch Investitionen in land- und forstwirtschaftliche Betriebe nach den „Grundsätzen für das AFP" sein. Weiter ist die Gewährung von Ausgleichszulagen für ständige natürliche und wirtschaftliche Nachteile möglich.

Daneben hat die Gemeinschaftsaufgabe auch eine Infrastrukturkomponente (z. B. die Förderung wasserwirtschaftlicher und kulturbautechnischer Maßnahmen) und eine Marktförderungskomponente (z. B. Förderung von Erzeugerorganisationen).

Die „Grundsätze" enthalten zahlreiche Voraussetzungen für die Zuwendungsgewährung, u. a. auch zum Ausschluss anderer Zuwendungstatbestände. Zuwendungen können z. B. als Zinszuschüsse und als Zuschüsse gewährt werden. Den Ländern ist es freigestellt, ergänzende Voraussetzungen festzulegen. Die nach den dargestellten Fördergrundsätzen gewährten Zinszuschüsse und Zuschüsse sind verschiedenen Titelansätzen zuzuordnen.

5 Gemeinschaftsaufgabe „Verbesserung der Agrarstruktur und des Küstenschutzes" (Art. 91a Abs. 1 Nr. 3 GG) - tatsächliche Gegebenheiten

Die Länder schlagen die von ihnen vorgesehenen Maßnahmen dem BMVEL zur Aufnahme in den Rahmenplan vor, das sie mit seinen eigenen Vorschlägen dem Planungsausschuss zur Beschlussfassung zuleitet. Die Mittelanmeldungen der Länder entsprechen insgesamt ungefähr der mittelfristigen Finanzplanung des Bundes. Bund und Länder nehmen die für die Durchführung des Rahmenplans im nächsten Jahr erforderlichen Ansätze in die Entwürfe ihrer Haushaltspläne auf (§ 8 GAKG). Ausweislich der Aktenlage entstehen bei der finanziellen Konkretisierung der Rahmenplanung bei den Haushaltsansätzen aber dann Schwierigkeiten, wenn - wie z. B. in einigen Haushaltsjahren geschehen - das BMF einen gegenüber der Finanzplanung verringerten Plafond vorgibt. Die vom Bund zur Verfügung gestellten Mittel werden nach einem Schlüssel auf die Länder verteilt, der überjährig ziemlich konstant bleibt und nur in unregelmäßigen Intervallen angepasst wird. Zwangsläufig wurde der Schlüssel nach dem Beitritt der neuen Länder verändert. Bezogen auf die landwirtschaftlich und forstwirtschaftlich genutzte Fläche sind die Finanzanteile für die neuen Länder größer.

Nach Verabschiedung des Bundeshaushalts werden die Länder vom Planungsausschuss aufgefordert, ihre Mittelansätze für die Maßnahmengruppen zu melden. Die Ansätze gehen in die Anlage zu Kap. 10 03 des Bundeshaushalts des nächsten Jahres ein.

Einige Länder etatisieren regelmäßig Ausgaben auch außerhalb der Komplementärmittel für die Gemeinschaftsaufgabe für Förderungszwecke, die auch nach der Gemeinschaftsaufgabe förderungsfähig wären.

5.3.2 Durchführung des Rahmenplans

Die Durchführung des Rahmenplans ist alleinige Aufgabe der Länder (§ 9 Abs. 1 GAKG). Nach Beschluss des Rahmenplans kann von den Ansätzen nach vorheriger Abstimmung mit dem Bund abgewichen werden, wenn dies die im Rahmenplan für die einzelnen Maßnahmen festgelegten Ziele nicht wesentlich verändert. Größere Abweichungen z.B. durch Änderungen bei Einzelvorhaben bedürfen auch während des Haushaltsvollzugs der Zustimmung des PLANAK. Bei Umschichtungen zwischen einzelnen Maßnahmegruppen ist die vorherige Zustimmung des Bundes einzuholen, sofern der umzuschichtende Betrag 3 % des Landesanteils am Gesamtvolumen oder 25 % einer Maßnahmegruppe übersteigt. Umschichtungen, die den Küstenschutz betreffen, sind in jedem Fall mit dem Bund abzustimmen. Die Länder haben gegenüber dem BMVEL umfangreiche Berichtspflichten zum Vollzug, primär für statistische Zwecke. Rechtsgrundlage hierfür ist § 9 Abs. 2 GAKG.

Die gegenüber dem Inkrafttreten des Haushalts stark zeitversetzte endgültige Festlegung der einzelnen Ansätze für die Maßnahmengruppen führt zu einer gegenüber dem Kalenderjahr verkürzten Periode für den Haushaltsvollzug. Nach Aussage des BMVEL sind die Haushaltsmittel der Gemeinschaftsaufgabe zum Jahresende schwierig zu planen und zu steuern. Es wurde in der Vergangenheit bundesseitig in der Regel akzeptiert, in dieser Phase Haushaltsmittel, die von einem Land nicht mehr ausgegeben werden konnten, in ein anderes Land, in dem noch Bedarf bestand und das die entsprechenden Komplementärmittel zur Verfügung hatte, zu verschieben. Vor allem das Land Hamburg war bereit, für Aufgaben des Küstenschutzes zusätzliche Bundesmittel zum Jahresende einzusetzen. Das BMF hat in jüngerer Zeit diesem Verfahren widersprochen.

5.4 Agrarstrukturförderung durch die Europäische Gemeinschaft

Die zusätzlich zu den Landes- und Bundesmitteln für die Gemeinschaftsaufgabe „Agrarstruktur und Küstenschutz" eingesetzten EG-Mittel stützen sich seit dem Jahr 2000 auf einen neuen europarechtlichen Rahmen. Die Gemeinschaftsaufgabe bildet auf der Grundlage von Art. 40 der Verordnung (EG) Nr. 1257 /1999 gemeinschaftsrechtlich eine Klammer um die Programme der Länder zur ländlichen Entwicklung. Auch die Kofinanzierung ist seither neu organisiert und entspricht bei der flächendeckenden Förderung dem Verfahren des EAGFL-G (vgl. Tz. 5.1.1).

Im allgemeinen werden die Grundsätze der Gemeinschaftsaufgabe nach der Notifikation durch die Europäische Kommission mit den Zielen der EG-Pläne verbunden, d.h. die EG beteiligt sich an den nationalen Vorhaben.

Allerdings sind die Förderprogramme der EG nicht völlig identisch mit der Gemeinschaftsaufgabe „Agrarstruktur und Küstenschutz". Teilweise haben die nationale Förderung und die EG-Förderung das gleiche Ziel, ohne zusammengeführt zu sein; so z. B. das (nationale) Agrarinvestitionsförderungsprogramm (AFP) und die einzelbetriebliche Förderung nach der „Effizienzverordnung" (Verordnung EG Nr. 150/97 vom 20.5.97). Insgesamt waren in der vergangenen Strukturfondsperiode (1994 - 1999) rd. 8,4 Mrd. DM EG-Mittel, davon mehr als Zweidrittel für Ziel 1-Gebiete (neue Länder), vorgesehen.

Das BMVEL sieht sich gegenüber der Europäischen Kommission in der Pflicht zur Koordinierung der Länderanträge. Anträge der Länder auf EG-Strukturmittel (mit Formblättern der Europäischen Kommission) werden deshalb an das BMVEL gerichtet und von dort nach einer Plausibilitätsprüfung - eine inhaltliche Prüfung ist nach Aussagen des BMVEL nicht möglich - an die Europäische Kommission weitergeleitet. Diese überweist die beantragten Mittel auf ein Konto der Deutschen Bundesbank. Das BMVEL teilt die Überweisung jeweils in den Bundesanteil und den Länderanteil. Auf Zahlungsanordnung des BMVEL wird der Länderanteil, ggf. verstärkt um Komplementärmittel des Bundes, den Ländern überwiesen.

5.5 Erfolgskontrolle und Zielerreichung

Hinsichtlich des Verfahrens bei Erfolgskontrollen und der Zielerreichung kann zunächst auf die entsprechenden Ausführungen zur Gemeinschaftsaufgabe "Regionale Wirtschaftsstruktur" in Tz. 4.6 verwiesen werden. Auch bei der Gemeinschaftsaufgabe „Agrarstruktur und Küstenschutz" spielen die zu erstellenden Statistiken eine wesentliche Rolle. Sie liefern die Ist-Daten für einzelne Fördertatbestände. Verschiedene wissenschaftliche Arbeiten aus jüngster Zeit befassen sich ebenfalls mit der Evaluation von einzelnen wichtigen Fördermaßnahmen im Rahmen der Gemeinschaftsaufgabe. Einige weitere - noch nicht abgeschlossene - Vorhaben sollen dazu dienen, eine Halbzeitbewertung der Entwicklungspläne für den ländlichen Raum nach der Verordnung (EG) Nr. 1257 / 1999 vorzunehmen. Gleichzeitig sollen sie dem bundespolitischen Interesse an einer spezifischen Evaluation der Gemeinschaftsaufgabe Rechnung tragen, zu deren Wirkungen und Zielerreichung es insbesondere kritische wissenschaftliche Äußerungen gibt.[17]

---

[17] So z. B. „Landwirtschaftliche Investitionsförderung: Bisherige Entwicklung, aktueller Stand, Alternativen für die Zukunft - 4 Beiträge, Landwirtschaftliche Rentenbank, Schriftenreihe Band 10, 1996; zum Ziel 2-Programm in Nordrhein-Westfalen: „Ex post evaluation", Rheinisch-Westfälisches Institut für Wirtschaftsforschung", 1996

6 Gemeinschaftsaufgaben „Bildungsplanung" und „Forschungsförderung" (Art. 91b GG) - tatsächliche Gegebenheiten

6.1 Allgemeines

6.1.1 Rechtsgrundlagen und Ziele

Nach Art. 91b GG können Bund und Länder in der Bildungsplanung und in der überregionalen Forschungsförderung zusammenwirken. Grundsätzlich kann die Beteiligung des Bundes an der Forschungsförderung beim Vorliegen bestimmter Voraussetzungen als „ungeschriebene Bundeszuständigkeit"[18] oder als Gemeinschaftsaufgabe nach Art. 91b GG angesehen werden; eine Mitfinanzierungskompetenz des Bundes für die Forschung nach Art. 91b GG ist von deren „überregionaler Bedeutung" abhängig.

Gemäß Art. 91b GG ist eine Kostenaufteilung zwischen dem Bund und den Ländern (oder auch nur einem Land) vorgesehen. Ob die Kostenaufteilung für jeden einzelnen Kostenblock innerhalb einer Maßnahme oder eines Programms zu vereinbaren ist, lässt die Kommentarliteratur offen.[19] Bestimmte Quoten sind von der Verfassung nicht vorgegeben.

6.2 Verfahrensbeteiligte

6.2.1 Bundesministerium für Bildung und Forschung und Bundesministerium der Finanzen

Die Fachaufgaben des Bundes in der Bildungsplanung und der Forschungsförderung nach Art. 91b GG nimmt das BMBF unmittelbar mit insgesamt 16 Referaten wahr. Im BMF sind das zuständige Haushaltsreferat für den Einzelplan 30 und zwei Grundsatzreferate mit den Gemeinschaftsaufgaben befasst.

---

[18] Der Entwurf des sog. Flurbereinigungsabkommens von 1971 (§ 1 Abs. 1) bezeichnet Vorhaben der wissenschaftlichen Großforschung - vornehmlich im Bereich der Kern-, Weltraum-, Luftfahrt- und Meeresforschung sowie auf dem Gebiet der Datenverarbeitung - als durch den Bund finanzierungsfähig.

[19] Nach Sachs, GG-Kommentar, Rdnr. 3 ist der Begriff „Vereinbarung" weit auszulegen.

6.2.2 Ministerien der Länder

Auf der Länderseite sind jeweils die Fachressorts (für Forschung und Bildung oder Kultur) an der Abwicklung der Gemeinschaftsaufgaben beteiligt. Die Finanzressorts sind im Rahmen der Bereitstellung von Komplementärmitteln im Haushaltsverfahren betroffen.

6.2.3 Weitere beteiligte Stellen

Neben den bundes- und Landesressorts sind Bund-Länder-Gremien, Ländergremien, kommunale Verbände und ein Bundesinstitut an den Verfahren beteiligt.

Wichtigstes Gesprächsforum für alle Bund und Länder gemeinsam berührenden Fragen des Bildungswesens und der Forschungsförderung ist die Bund-Länder-Kommission für Bildungsplanung und Forschungsförderung (BLK). Der Kommission als oberstem Beratungs- und Beschlussgremium der BLK gehören acht Vertreter der Bundesregierung und (bei der Bildungsplanung) je ein Vertreter der Landesregierungen an. Zur Vorbereitung von Beschlüssen der Kommission zur Bildungsplanung sind ein Ausschuss „Bildungsplanung", eine Projektgruppe „Innovationen im Bildungswesen" und drei ständige Arbeitsgruppen eingesetzt. Für die Erledigung der laufenden Geschäfte und für die Vorbereitung der Sitzungen der Kommission sowie der anderen Gremien ist eine Geschäftsstelle mit Sitz in Bonn eingerichtet[20]. Sie hat einen jährlichen Mittelbedarf von rd. 3,5 Mio. DM, davon entfallen rd. 2,7 Mio. DM auf die Personalausgaben für insgesamt 26 Planstellen/Stellen. Die Ausgaben werden vom Bund getragen und sind im Einzelplan des Bundespräsidenten als Kapitel 04 veranschlagt. Begründet wird diese Regelung[21] damit, dass die Geschäftsstelle als Bund-Länder-Gremium auch formal unabhängig von der Bundesregierung sein solle.

Als beratendes Gremium nimmt der 1957 durch ein Verwaltungsabkommen zwischen Bund und Ländern errichtete Wissenschaftsrat (WR) mit beraten-

---

[20] Siehe Art. 10, 11 und Protokollnotiz zu Art. 10 des Verwaltungsabkommens über die Errichtung einer gemeinsamen Kommission für Bildungsplanung (BLK-Abkommen) vom 25.06.70

[21] Art. 11 und Protokollnotiz zu Art. 10 des BLK-Abkommens

der Stimme an den Sitzungen der BLK teil[22]. Ebenfalls mit beratender Stimme nehmen Vertreter der Kommunalen Spitzenverbände an den Sitzungen der Kommission und des Ausschusses „Bildungsplanung", bis zu zwei Mitglieder des Hauptausschusses des Bundesinstituts für Berufsbildung und der Generalsekretär der Kultusministerkonferenz an den Sitzungen der Kommission teil. In vielen Fällen ist die Deutsche Forschungsgemeinschaft (DFG) Verfahrensbeteiligte. So werden zahlreiche Programme zur Forschungsförderung - z.b. das Leibniz-Programm und die Graduiertenkollegs - von der DFG durchgeführt. Auch Bundes- und Landesmittel für die allgemeine Forschungsförderung werden von der DFG vergeben.

6.3   Hochschulprogramme

6.3.1   Ausgangslage

Seit 1988 werden sog. Hochschulsonderprogramme (HSP) gemeinsam von Bund und Ländern finanziert[23]. Mit den HSP wurden in großem Umfang zusätzliche Personalstellen geschaffen[24]. Bis Ende des Jahres 2000 lief das HSP III. In der zugrunde liegenden Bund-Länder-Vereinbarung im Sinne des Art. 91b GG vom 02.09.96 wurden als Ziele „die weitere Umsetzung der dringend notwendigen Strukturreform", der „Erhalt der Leistungsfähigkeit von Lehre und Forschung", der „Erhalt des Innovationspotentials der Bundesrepublik Deutschland" und die „deutliche Erhöhung des Frauenanteils in Forschung und Lehre" genannt. Die Schwerpunkte umfassten 25 Einzelmaßnahmen. Für die Verbesserung der Hochschulstrukturen waren insgesamt rd. 1.3 Mrd. DM, für den Fachhochschulbereich rd. 600 Mio. DM, für die Verstärkung der europäischen und internationalen Zusammenarbeit rd. 420 Mio. DM, für die Förderung des wissenschaftlichen Nachwuchses rd. 860 Mio. DM und für die Frauenförderung rd. 200 Mio. DM über die

---

[22] Der Wissenschaftsrat besteht aus der Wissenschaftlichen Kommission und der Verwaltungskommission, letztere besteht aus sechs Vertretern der Bundesregierung und 16 Vertretern der Landesregierungen.

[23] Hochschulerneuerungsprogramm (HEP) von 1991 bis 1996 für die neuen Länder

[24] Vgl. Bericht der BLK zur Überprüfung und Fortschreibung des HSP II unter Einbeziehung von HSP I und HEP vom Dezember 1995; zum HSP III in entsprechenden Folgeberichten (zuletzt vom 30.06.99)

Gesamtlaufzeit des Programms vorgesehen. Der Bund sollte nach der Vereinbarung rd. 58 % der Ausgaben - das sind rd. 2 Mrd. DM - übernehmen (Art. 1 § 7 der Vereinbarung)[25]. Die Programmadministration oblag der Geschäftsstelle der BLK. Neben den in der Vereinbarung zum HSP III niedergelegten Zielen wurden während der Laufzeit des Programms zusätzliche Sondermaßnahmen beschlossen, so ein Hochschulbibliotheksprogramm und Sondermaßnahmen in den neuen Ländern zur Förderung innovativer Forschungsprojekte[26].

6.3.2 Laufende Programme

Im Wesentlichen auf Initiative des BMBF wurde im Jahre 1999 von der BLK eine Arbeitsgruppe (auf Staatssekretärsebene) eingesetzt, um die Nachfolgemaßnahmen für das HSP III zu beraten. Das BMBF führte hierzu aus, dass Hochschulförderung keine Sonderaufgabe sei, sondern eine Daueraufgabe darstelle[27]. Man wolle folglich kein HSP IV. Der Bund beabsichtige, seine Mittel für die Hochschulfinanzierung ab dem Jahr 2001 auf 420 Mio. DM/Jahr zu erhöhen. Die vom Bund bereits damals allein finanzierten Maßnahmen (z. B. Auslandsstipendien, Promotionsförderung der Begabtenförderungswerke) würden fortgeführt. Für die Wissenschaftsorganisationen und für die Endnutzer entstehe damit eine verbesserte langfristige Planungssicherheit. Da der Bund die Maßnahmen allein finanziere, sei keine weitere Abstimmung mit den Ländern erforderlich. Diese Maßnahmen sollten aber nicht mehr im Rahmen von Sonderprogrammen, sondern durch dauerhafte Erhöhung der Titelansätze für entsprechende Regelprogramme des Deutschen Akademischen Austauschdienstes (DAAD) finanziert werden. Andere Programme sollten von Bund und Ländern gemeinsam weiter gefördert oder

---

[25] Für die einzelnen Maßnahmen galten teilweise verschiedene Finanzierungsschlüssel. Der auf die Länder entfallende Anteil wurde von der Gemeinschaft der Länder nach einem eigenen Schlüssel, abhängig von den Studienanfängerzahlen, getragen.

[26] Das Hochschulbibliotheksprogramm wurde auf Initiative des BMBF - im Zusammenhang studentischer Proteste gegen mangelhafte Ausstattung der Universitäten - beschlossen; die Förderung innovativer Forschungsprojekte soll der Integration ehemaliger DDR-Wissenschaftler dienen.

[27] Die folgenden Ausführungen wurden von der Bundesministerin auf der 105. Sitzung der Kommission der BLK am 15.03.99 gemacht (nach einem internen Papier des BMBF und dem Ergebnisprotokoll vom 05.05.99).

zeitlich befristet fortgesetzt (Frauenförderung, Studienangebote der Fachhochschulen) werden. Einige bisher über das HSP III finanzierte Maßnahmen sollten entfallen, da entweder eine eindeutige Länderzuständigkeit vorliege (z.b. die Einrichtung von Tutorien) oder die angestrebten Ziele erreicht worden seien (z.b. der Bau von Europa-/Gästehäusern). Bei vom BMBF angestrebten allein vom Bund weitergeführten Sonderprogrammen (Förderung von strukturellen Innovationen) werde an eine Vergabe der Förderungen im Wettbewerbsverfahren (über Ausschreibungen) gedacht. Generell würden zeitlich befristete Fachprogramme angestrebt. Eine Zusammenfassung zu einem Gesamtprogramm sei nicht mehr beabsichtigt[28].

In der Konferenz der Regierungschefs des Bundes und der Länder am 16.12.99 wurden die einzelnen Programme beschlossen, gegenüber den Zielvorstellungen des Bundes aber teilweise modifiziert. So wurden zwar die Einzelmaßnahmen „Frauenförderung" - mit einer starken Konzentration auf die Habilitationsförderung -, das Programm zur Strukturverbesserung der Fachhochschulen und auch die Förderung innovativer Forschungsstrukturen für die neuen Länder (Fortführung des Hochschulentwicklungsprogramms - HEP) mit einer hälftigen Finanzierung durch den Bund und das Sitzland - die Durchführung obliegt dem jeweiligen Land - vereinbart. Die Länderregierungschefs bestanden aber auf ihrer Zuständigkeit für die Strukturverbesserung an den Hochschulen. Im Gegenzug wurde - an Stelle des vom BMBF beabsichtigten Bundesprogramms - eine ebenfalls hälftige finanzielle Beteiligung der Länder beschlossen. Für die Aufteilung der Komplementärmittel des Bundes auf die Länder einigte man sich auf einen neuen Schlüssel, der sich aus Komponenten des sog. „Königsteiner Schlüssels" und der Anzahl der Studienanfänger zu einem Stichdatum zusammensetzt.

Die beschlossenen Programme haben eine Laufzeit bis Ende des Jahres 2003. Beabsichtigt ist eine Verlängerung bis zum Jahr 2006. Die Entschei-

---

[28] Vgl. Strategiepapier des BMBF vom 06.05.99 für die Sitzung der Staatssekretärs-Arbeitsgruppe am 12.05.99

dung über die Fortführung soll auf der Grundlage einer Evaluierung durch die BLK noch im Jahr 2002 getroffen werden.

6.3.3 Durchführung der Programme

Die Förderungen des Bundes im Rahmen der Hochschulprogramme werden teilweise von der DFG, teilweise vom DAAD, von der Alexander-von-Humboldt-Stiftung, von den Begabtenförderungswerken oder auch ohne Mittlerorganisation von den außeruniversitären Forschungseinrichtungen durchgeführt. Es gibt alleinige Finanzierungen des Bundes, so alle Förderungen über den DAAD und die Alexander-von-Humboldt-Stiftung. Daneben bestehen Bund-Länderfinanzierungen in verschiedenen Mischungsverhältnissen. Das Aushandeln der Finanzierungsschlüssel und deren Administration verursacht Verwaltungsaufwand bei allen Beteiligten (BLK, BMBF, Länder). Im BMBF werden wegen des hohen Aufwandes z.B. die Stipendienvergaben an außeruniversitäre Forschungseinrichtungen als für Vereinbarungen nach Art. 91b GG wenig geeignet angesehen.

Die Länder sind gehalten, ihre Art. 91b GG-Mittel nach den beschlossenen Schwerpunkten einzusetzen. Anträge auf Zuwendungen durch den Bund und Verwendungsnachweise werden von der Geschäftsstelle der BLK „vorgeprüft", die endgültige Prüfung wird im BMBF vorgenommen. Hierbei beschränkt man sich auf eine Plausibilitätskontrolle.

6.4 Förderung von Forschungseinrichtungen

6.4.1 Allgemeines

Bund und Länder fördern gemeinsam im Rahmen des Art. 91b GG außeruniversitäre Forschungseinrichtungen sowohl institutionell als auch zusätzlich über Projektmittel. Grundlagen hierfür sind die Rahmenvereinbarung über die gemeinsame Förderung von Einrichtungen der wissenschaftlichen Forschung und die Ausführungsvereinbarung dazu vom 05./06.05.77, zuletzt geändert am 24.10./03.11.97. Das Finanzvolumen der institutionellen Förderung von Forschungseinrichtungen durch Bund und Länder übertrifft das der Projektförderungen bei Weitem. Insgesamt werden die vier großen außeruniversitären Wissenschaftsgemeinschaften und Forschungseinrichtungen - Fraunhofer-Gesellschaft (FhG), Max-Planck-Gesellschaft (MPG), Wissenschaftsgemeinschaft Gottfried Wilhelm Leibniz (sog. „Blaue-Liste-Einrichtungen" - BLE), Hermann von Helmholtz-Gemeinschaft Deutscher Forschungszentren (sog. „Großforschungseinrichtungen" - GFE) und die Deutsche Forschungsgemeinschaft (DFG) mit rund 9 Mrd. DM/Jahr institutionell gefördert. Für jede der Einrichtungen besteht ein eigener Finanzierungsschlüssel. Auf den Bund entfallen insgesamt rund 5,9 Mrd. DM/Jahr.

Neben den genannten Wissenschaftsorganisationen wird die Deutsche Akademie der Naturforscher Leopoldina institutionell gefördert. Der Bund trägt 80 % und das Sitzland Sachsen-Anhalt 20 % der Förderung (insgesamt rd. 3,25 Mio. DM).

Auf die GFE (siehe Tz. 6.4.2) und die BLE (siehe Tz. 6.4.3) wird im folgenden genauer eingegangen. Für die anderen Einrichtungen sollten vergleichbare Überlegungen angestellt werden.

6.4.2 Großforschungseinrichtungen (GFE)

6.4.2.1 Allgemeines

Die sog. Großforschungseinrichtungen (GFE) wurden als außeruniversitäre Forschungseinrichtungen in der Regel auf Initiative des Bundes gegründet. Bei den ersten GFE handelte es sich um Einrichtungen mit Großgerät für Schlüsseltechnologien, für die national wissenschaftlicher Nachholbedarf bestand, z.B. Kernenergieforschung und Luftfahrttechnik. Spätere Gründungen verbreiterten das Forschungsspektrum erheblich. Es gibt derzeit auch GFE für medizinische, biologische, geographische und umwelttechnische Forschung. Die materiellen Forschungsfelder änderten sich schneller als die formelle „Institutslandschaft". So liegen die Forschungsschwerpunkte des früheren Kernforschungszentrums Jülich mittlerweile in den Bereichen Energietechnik, Lebenswissenschaften, Informationstechnik, Umweltvorsorgeforschung und Materialforschung. In den neuen Ländern werden Forschungseinrichtungen der früheren DDR als GFE weitergeführt, teilweise sind sie bereits bestehenden GFE als Forschungsstellen organisatorisch angegliedert. Die derzeit 16 GFE sind in der Hermann von Helmholtz-Gemeinschaft Deutscher Forschungseinrichtungen zusammengefasst. Die GFE sind ungleichmäßig auf die Länder verteilt; fünf Länder sind nicht Sitzland einer GFE. Das jeweilige Sitzland der GFE hat derzeit erhebliche Mitwirkungsmöglichkeiten, sowohl bei den Wirtschaftsplan- und Stellenplanverhandlungen, als auch bei Einzelpersonalangelegenheiten sowie bei tariflichen und außertariflichen Regelungen. Im Ergebnis ist für jede wichtige Entscheidung die Zustimmung des Sitzlandes erforderlich. Es entsteht dadurch erheblicher Verwaltungsaufwand. Da die Aufsichtsgremien des jeweiligen Landes auch noch einmal beteiligt werden müssen, werden Entscheidungen teilweise über mehrere Monate verzögert.

6.4.2.2 Finanzierung

Nach der o. g. Rahmenvereinbarung zwischen Bund und Ländern über die gemeinsame Förderung der Forschung nach Art. 91b GG (siehe Tz. 6.4.1) trägt der Bund 90 %, das jeweilige Sitzland oder die Sitzländer 10 % der institutionellen Förderung. Die Förderung umfasst die Investitions- und Betriebskosten. Das Finanzvolumen der institutionellen Förderung beträgt jährlich knapp 3 Mrd. DM, der Bund trägt davon knapp 2,7 Mrd. DM (90 %). Drei Einrichtungen heben sich in der Größe deutlich von den übrigen GFE ab: Das Deutsche Zentrum für Luft- und Raumfahrt e.V. (DLR), die Forschungszentrum Karlsruhe GmbH und die Forschungszentrum Jülich GmbH. Diese drei Einrichtungen werden mit je rund zwischen 400 und 500 Mio. DM/Jahr institutionell gefördert und haben jeweils weit über 2000 Personalstellen.

Aufgrund relativ hoher Drittmitteleinnahmen hat das DLR den insgesamt größten Haushalt (nach dem Wirtschaftsplan 2000 knapp 800 Mio. DM). Den kleinsten Haushalt hat die Stiftung Geo-Forschungszentrum Potsdam (69 Mio. DM, davon 64 Mio. DM institutionelle Förderung, 340 Personalstellen). Der Anteil der Projektmittel und Dritteinnahmen ist bei den einzelnen GFE stark unterschiedlich, er schwankt zwischen 2 % und 43 %. Wegen des Sitzlandprinzips fließen die meisten Mittel in die Länder mit den meisten GFE; so gelangen nach Nordrhein-Westfalen und Baden-Württemberg beispielsweise die höchsten institutionellen Förderungen durch den Bund (jeweils über 500 Mio. DM/Jahr).

Bei den Finanzierungsentscheidungen soll nach den Vorstellungen des BMBF künftig von der bisherigen Kapazitätsorientierung abgegangen und zu einer Programmsteuerung gewechselt werden. Stehen derzeit bei den jährlichen Wirtschaftsplanverhandlungen die Ausgaben im Mittelpunkt, sollen in Folge der Programmsteuerung Forschungsschwerpunkte fixiert werden. Hierzu würden die einzelnen Einrichtungen für rund fünf Jahre ihre Forschungsprogramme vorlegen und Programmbudgets erstellen. Es ist beabsichtigt, so einen Wettbewerb der GFE untereinander entstehen zu lassen. Die Zentren könnten aber auch kooperieren und gemeinsame Programme „anbieten". Letztlich würden die Zuwendungsgeber über die Programme entscheiden. Die Mittelansätze in den Wirtschaftsplänen müssten auf den genehmigten Programmen basieren. Die Programmbudgets sind bereits jetzt Anlage der Wirtschaftspläne. Der Übergang zu einer Programmsteuerung würde nicht bedeuten, dass die institutionelle Förderung durch eine reine Projektförderung abgelöst würde. Den einzelnen Programmen würden in den Budgets Personal- und Sachmittel sowie Investitionen als Ressourcenverbrauch zugeordnet. Den Ausgaben würde die Finanzierung - getrennt nach institutioneller Förderung und Dritt- bzw. Projektmitteln - gegenübergestellt.

6.4.2.3 Erfolgskontrolle und Zielerreichung

Die GFE wurden in der Vergangenheit nicht systematisch extern evaluiert und das System nicht umfassend bewertet. Teilweise führte man im mehrjährigen Rhythmus interne Erfolgskontrollen, oft mit externer Unterstützung, durch. Es gab auch einrichtungsübergreifende Evaluierungen durch den Wissenschaftsrat und durch den Senat der Hermann-von-Helmholtz-Gemeinschaft Deutscher Forschungszentren. Daneben gab und gibt es Statistiken mit Leistungsdaten (z. B. Anzahl der Patentanmeldungen und Wirtschaftskooperationen und Einwerbung von Drittmitteln).

Der Wissenschaftsrat führte bereits im Jahr 1991 aus, dass die Forschung der GFE gegenüber der Forschung an Universitäten subsidiär sei[29]. Deshalb solle regelmäßig geprüft werden, ob Forschungsgebiete von den GFE an Hochschulen verlagert werden könnten. Die GFE müssten mit den Hochschulen kooperieren, um Ressourcen zu bündeln und ineffiziente Konkurrenz zu vermeiden. Wissenschaftler der GFE sollten auch bei Pflichtveranstaltungen der Hochschulen angemessen mitwirken. Ein temporärer Austausch von wissenschaftlichem Personal zwischen Hochschulen und GFE sei anzustreben.

In einem Bericht des BMBF an den Deutschen Bundestag[30] werden Auswirkungen der Gesamtbegrenzung der Staatsaufgaben auf die GFE skizziert. So müsste die institutionelle Förderung reduziert und grundfinanziertes Personal abgebaut werden.

Die sog. Weule-Kommission aus Vertretern der industriellen Forschung kritisierte den geringen Anteil industrierelevanter und damit anwendungsorientierter Forschung in den GFE. Eine Programmplanung solle Doppelförderungen vermeiden helfen. Durch Beteiligung der Industrie solle eine anwendungsbezogenere Forschungslandschaft entstehen. Es wurde empfohlen, Institute nur mehr auf Zeit einzurichten, die Grundfinanzierung zugunsten der Projektfinanzierung zu reduzieren und die Arbeitsteilung zwischen Universitäten, MPG, FhG, EG-Institutionen und anderen außeruniversitären Forschungseinrichtungen klarer zu regeln.

Zur umfassenden Bewertung des Systems der GFE wurde auf Beschluss der BLK am 20.10.99 eine international besetzte unabhängige Arbeitsgruppe eingesetzt. Den Vorsitz in der Arbeitsgruppe führt der Vorsitzende des Wissenschaftsrates. Die Mitglieder sind überwiegend Lehrstuhlinhaber in- und ausländischer Universitäten; aber auch das BMBF, Länderressorts und die Industrie sind vertreten. Am 22.01.01 wurden die wesentlichen Ergebnisse

---

[29] Wissenschaftsrat (1991): Zusammenarbeit von Großforschungseinrichtungen und Hochschulen

[30] Bericht des (damaligen) BMFT an den Ausschuss für Forschung, Technologie und Technikfolgeabschätzung des Deutschen Bundestages von 1992

der abgeschlossenen Studie vorgestellt. Danach bestünde umfassender Reformbedarf, da die GFE ihren Aufgaben infolge einer ganzen Reihe struktureller Defizite derzeit nur bedingt gerecht würden. Die Zentren wären in einem eingetragenen Verein zusammenzuführen. Um die Leistungsfähigkeit der Einrichtungen zu stärken, solle die Finanzierung der Forschungszentren in Richtung Programmsteuerung geändert werden. Es seien sechs bis acht von Projektkoordinatoren organisierte Programmbereiche zu bilden, die sich jeweils über mehrere GFE erstrecken würden. Die Forschungsthemen seien dabei weitgehend von der Bundesregierung vorzugeben.

6.4.3 Blaue-Liste-Einrichtungen (BLE)

6.4.3.1 Allgemeines

Die sog. Blaue-Liste-Einrichtungen (BLE) bestehen als weitere mischfinanzierte außeruniversitäre Forschungseinrichtungen außerhalb der Max-Planck-Gesellschaft (MPG) und der Fraunhofer-Gesellschaft (FhG) neben den GFE. Derzeit gibt es 82 BLE, die ungleichmäßig über die Länder verteilt sind. Die Institute der BLE sind in der „Wissenschaftsgemeinschaft Gottfried Wilhelm Leibniz" zusammengefasst und in mehrere Sektionen (Geisteswissenschaften und Bildungsforschung, Wirtschafts- und Sozialwissenschaften, Lebenswissenschaften, Mathematik, Natur- und Ingenieurwissenschaften, Umweltwissenschaften) gegliedert. Sie sehen ihr Aufgabenspektrum zwischen Grundlagenforschung und anwendungsorientierter Forschung und verstehen sich als Partner der Universitäten, der Wirtschaft und der Politik[31]. Das Spektrum der Forschungs- und Arbeitsbereiche ist größer als bei den anderen Wissenschaftsorganisationen. Es reicht von Forschungsbereichen, die auch von der FhG oder MPG wahrgenommen werden könnten (z.B. das Institut für Polymerforschung Dresden e.V. oder das Bernhard-Nocht-Institut für Tropenmedizin) über Institute, die primär der Ressortforschung dienen (z.B. sechs Wirtschaftsforschungsinstitute) und Fachinformationszentren bis zu wissenschaftlichen Museen (z.B. Deutsches Bergbau Museum, Bochum und das Zoologische Forschungsinstitut und Museum

---

[31] WGL-Dokumentation 1998, Bonn 1998, S. 7

Alexander Koenig, Bonn).

Während die GFE in der Regel bundesstaatliche Gründungen sind, entstanden die BLE in den alten Ländern aus Landeseinrichtungen. Sie wurden ausnahmslos vor Aufnahme in die BLE bereits vom jeweiligen Sitzland institutionell gefördert. Allerdings entstanden über ein Drittel aller BLE aus Forschungseinrichtungen der früheren DDR.

Die Aufnahme einer Forschungseinrichtung in die BLE ist von einer Empfehlung des Wissenschaftsrates abhängig. Der Wissenschaftsrat stützt sich hierbei auf Berichte einer interdisziplinären Arbeitsgruppe, in der auch Vertreter des Bundes und der Länder mitarbeiten. Teilweise wurden in den letzten Jahren schon Ausschlüsse von den BLE beschlossen. Im gleichen Zeitraum wurden andere Einrichtungen aufgenommen, daneben gibt es weitere Beitrittskandidaten. Da das sog. „Omnibusprinzip" gilt - d.h. es können generell nur so viele Einrichtungen aufgenommen werden wie umgekehrt Einrichtungen ausscheiden - sind die Veränderungsprozesse relativ langwierig.

Nach einer vom Wissenschaftsrat im Jahr 1993 vertretenen Auffassung[32] liegt ein gemeinsames Charakteristikum der BLE darin, dass bei ihrer wissenschaftspolitischen Steuerung den Ländern und dem Bund jeweils eine besondere Rolle zukommt. Die BLE seien daher ein Instrument der föderalen Forschungspolitik für Aufgaben, die weder von den Hochschulen noch von anderen außeruniversitären Einrichtungen wahrgenommen werden können. Hervorzuheben sei ihre regionale Einbindung in die jeweiligen Forschungsstrukturen der Länder. Aufgrund ihrer Größe, Ausstattung und der regelmäßig überprüften Qualitätsstandards seien die BLE in der Lage, spezifische Aufgaben von überregionaler Bedeutung wahrzunehmen.

6.4.3.2 Finanzierung

Nach der oben genannten Bund-Länder-Vereinbarung (siehe Tz. 6.4.1) wer-

---

[32] Wissenschaftsrat: Empfehlungen zur Neuordnung der Blauen Liste, BT-Drs. 1342/93, Wiesbaden 1993, s. besonders S. 21

den die BLE je hälftig vom Bund und den Länder institutionell gefördert. Für einige Einrichtungen gelten abweichende Finanzierungsschlüssel. Gegenüber den GFE besteht die Besonderheit, dass einige BLE nicht vom BMBF, sondern von anderen Bundesressorts gefördert werden. Der auf die Länder entfallende Anteil wird nach einem komplizierten Schlüssel von allen Ländern getragen. In der Regel entfallen auf das Sitzland 75 %, bei Einrichtungen mit Servicefunktion für die Forschung 25 %. Der gemeinschaftliche Länderanteil wird auf die einzelnen Länder nach dem Verhältnis ihrer Steuereinnahmen und ihrer Bevölkerungszahl umgelegt, wobei das Verhältnis der Steuereinnahmen für zwei Drittel und das der Bevölkerungszahl für ein Drittel dieses Betrages maßgeblich ist. Der Länderanteil für Investitionen wird vom Sitzland aufgebracht. Abweichende Regelungen sind zulässig, diese müssen jedoch bestimmen, dass „ein nicht unbeträchtlicher Teil" des Zuwendungsbetrages auf alle Länder umgelegt wird. Insgesamt werden die BLE mit rd. 1,3 Mrd. DM/Jahr institutionell gefördert. Auf den Bund entfallen davon rd. 655 Mio. DM. Sachsen und Berlin haben die höchsten Landesanteile aufzubringen (jeweils über 80 Mio. DM/Jahr), Bremen trägt den niedrigsten Anteil (rd. 3,5 Mio. DM/Jahr). Nahezu die Hälfte der institutionellen Förderung entfällt auf die neuen Länder einschließlich Berlins.

Die Größe der einzelnen BLE liegt zwischen einem Jahresetat von rd. 85 Mio. DM und 430 Personalstellen (Forschungszentrum Rossendorf e.V.) und rd. 3 Mio. DM und 25 Personalstellen (Zentralstelle für Psychologische Information und Dokumentation an der Universität Trier). Der größte Teil der BLE hat einen Jahresetat zwischen 10 u. 20 Mio. DM und zwischen 100 und 150 Personalstellen. Der Anteil der Projekt- und Drittmittel am Gesamtetat ist bei den einzelnen Einrichtungen stark unterschiedlich; die institutionellen Mittel überwiegen regelmäßig beträchtlich. Nur bei ganz wenig Einrichtungen liegt der institutionelle Anteil am Gesamthaushalt unter 50 %[33]. Die Bedarfserhebung für die Höhe der institutionellen Förderung nehmen die Sitzländer vor.

---

[33] So z.B. beim Institut für Weltwirtschaft an der Universität Kiel (IfW), einem Zuwendungsempfänger des BMF.

Nach der oben genannten Bund-Länder-Vereinbarung ist für eine gemeinsame Förderung ein Mindestzuwendungsbedarf von 2,5 Mio. DM/Jahr, überregionale Bedeutung und gesamtstaatliches wissenschaftspolitisches Interesse Voraussetzung.

6.4.3.3 Erfolgskontrolle und Zielerreichung

Entsprechend einer Bitte der BLK vom April 1994 hat der Wissenschaftsrat die BLE beginnend ab dem Jahr 1995 untersucht und am 17.11.00 einen Bericht über die vorgenommene Systemevaluation vorgelegt. Als dessen wesentliches Ergebnis bleibt danach festzuhalten, dass sich die gemeinsame Forschungsförderung von Bund und Ländern nach Art. 91b GG bei den BLE bewährt habe. Sie ermögliche wichtige länderübergreifende Forschung von gesamtstaatlicher Bedeutung. Auch künftig solle die hälftige Finanzierung der Regelfall sein, in besonderen Fällen wäre ein anderer Schlüssel denkbar. Mit einer Finanzierung von BLE durch ein Land allein wären die bisher erreichten Forschungsergebnisse nicht zu erzielen gewesen. Eine nähere Begründung für diese Aussage gibt der Wissenschaftsrat allerdings nicht. Mit den BLE würden wichtige Forschungs-, Service- und Beratungsaufgaben flexibel wahrgenommen. Die Qualität der erbrachten Leistungen rechtfertige den Koordinierungsaufwand zwischen Bund und Ländern. Insgesamt würden die BLE gute bis sehr gute Leistungen erbringen und mit den Hochschulen im wünschenswerten Umfange kooperieren. Außeruniversitäre Forschung müsse weiterhin subsidiär zur Hochschulforschung sein. Das bisherige „Omnibusprinzip" solle im Sinne von mehr Flexibilität aufgegeben werden.

7 Finanzhilfe nach Art. 104a Abs. 4 GG „Städtebauförderung" - tatsächliche Gegebenheiten

7.1 Allgemeines

7.1.1 Rechtsgrundlagen und Ziele

Der Bund beteiligt sich seit dem Jahre 1971 durch die Gewährung von Finanzhilfen gemäß Art. 104a Abs. 4 GG an den städtebaulichen Erneuerungsaufgaben der Gemeinden. Sie wurden zunächst auf der Grundlage von §§ 71 und 72 des damaligen Städtebauförderungsgesetzes (StBauFG) bereitgestellt. Mit Inkrafttreten des Baugesetzbuches (BauGB) vom 01.07.1987 wurde das StBauFG aufgehoben. Das BauGB sieht seither als Dauerrecht die Bereitstellung von Finanzhilfen als Kann-Leistung des Bundes vor (vgl. §§ 164a, 164b BauGB). Bundesfinanzhilfen zur Städtebauförderung werden aufgrund des Bundeshaushaltsgesetzes durch Verwaltungsvereinbarungen (VV) gewährt (vgl. Art. 104a Abs. 4 Satz 2 2. Alt. GG) und den Ländern zur Weiterbewilligung an ihre Gemeinden und Gemeindeverbände zugewiesen. Es handelt sich dabei um die auf Dauer angelegte sog. Grundvereinbarung aus dem Jahre 1986 (siehe dazu Tz. 2.5.3) und die jährlich neu abzuschließenden Einzelvereinbarungen (sog. VV - Städtebauförderung).

Die Bundesfinanzhilfen müssen auf die Länder nach einem für alle in gleicher Weise geltenden, allgemeinen und sachgerechten Maßstab verteilt werden (vgl. Art. 2 und 5 Grundvereinbarung). Nach der Entscheidung des Bundesverfassungsgerichts vom 04.03.75 (siehe dazu Tz. 2.5.2) steht letztlich der Bund in der Pflicht, die Länder, die als Glieder des Gesamtstaates alle den gleichen Status besitzen und gleichberechtigt nebeneinander stehen, bei der Verteilung nach gleichen Maßstäben zu behandeln und einen einheitlichen, notfalls groben, jedoch für alle Länder in gleicher Weise geltenden allgemeinen und sachgerechten Maßstab offen zu legen.

Die Bundesfinanzhilfen zur Förderung städtebaulicher Maßnahmen werden nach einem zwischen Bund und Ländern abgestimmten Schlüssel verteilt. Die Kriterien für die Verteilung, auf die sich die Beteiligten geeinigt haben, setzen sich in der Regel aus den zwei Komponenten Bevölkerungsanteil sowie Anteil am Wohnungsbestand zusammen und sind seit dem Jahre 1971 im Grundsatz nicht verändert worden. Für das Bund-Länder-Programm „Die soziale Stadt" existiert allerdings ein neuer, eigenständiger Verteilungsschlüssel, der die beiden obigen Komponenten um eine Sozialkomponente ergänzt.

Die der Berechnung zugrunde liegenden Rahmendaten sind in der Vergangenheit nur teilweise und mit zeitlicher Verzögerung fortgeschrieben worden. Für alle Programmbereiche der Städtebauförderung Ost und für das Programm „Die soziale Stadt" richtet sich die Verteilung derzeit wieder nach den jeweils letzten bekannten Zahlen. Die Anteile der alten Länder an den Finanzhilfen zur Städtebauförderung sind jedoch in der Zeit von 1992 bis 2000 nicht geändert worden. Bis zum Jahr 2004 soll diese Erstarrung des Verteilungsschlüssels schrittweise überwunden werden.

Aufgrund der Vorgaben des Bundesverfassungsgerichtes (Tz. 2.5.2) ist es dem Bund verwehrt, außerhalb der Förderungsziele des Art. 104a Abs. 4 GG Bundesfinanzhilfen als Instrument direkter oder indirekter Investitionssteuerung einzusetzen. Vielmehr kann er nur die förderungsfähigen Investitionsbereiche und damit den generellen Verwendungszweck der Finanzhilfen bezeichnen. Weitere Differenzierungsmöglichkeiten wie etwa hinsichtlich der Lage, des Umfanges, der sachlichen Ausgestaltung oder späteren Nutzung der mitfinanzierten Objekte hat er nicht. Er kann auch keine bestimmten Einzelprojekte festlegen. Für die Ausgestaltung des Förderverfahrens und die Entscheidung über die Förderungsfähigkeit sind die Länder zuständig, die auch über die Aufnahme einer Sanierungsmaßnahme in das Bund-Länder-Programm entscheiden.

Die VV-Städtebauförderung sah im Jahre 1998 beispielsweise vor, die Bundesfinanzhilfen in den alten Ländern auf die in § 164b BauGB genannten Förderschwerpunkte zu konzentrieren:

– Stärkung von Innenstädten und Ortsteilzentren in ihrer städtebaulichen Funktion unter besonderer Berücksichtigung des Wohnungsbaus sowie der Belange des Denkmalschutzes und der Denkmalpflege,

- Wiedernutzung von Flächen, insbesondere der in Innenstädten brachliegenden Industrie-, Konversions- oder Eisenbahnflächen, zur Errichtung u. a. von Wohn- und Arbeitsstätten sowie von umweltschonenden kosten- und flächensparenden Bauweisen.

- Städtebaulichen Maßnahmen zur Behebung sozialer Missstände.

Bund und Länder hatten sich in der Präambel zur VV-Städtebauförderung 1998 zu einem möglichst effizienten und sparsamen Mitteleinsatz verpflichtet und stimmten darin überein, dass dem Subsidiaritätsgrundsatz der Städtebauförderung auch das Bemühen der Gemeinden diene, Finanzierungsmittel für andere Aufgaben, deren Ursachen nicht aus einem unmittelbarem Bezug zu städtebaulichen Missständen herrührten, zuerst in anderen Programmen mit Investitionshilfen zu suchen.

7.1.2 Mittel des Bundes

Die Ausgaben des Bundes für die Städtebauförderung sind in Kap. 12 25 Tgr. 01 des Bundeshaushalts veranschlagt. In den Jahren 1971 bis 1997 hat der Bund den alten Ländern für die Städtebauförderung Finanzhilfen von rd. 8,4 Mrd. DM gewährt, den neuen Ländern von 1990 bis 1997 rd. 6,4 Mrd. DM. Nachdem die Finanzhilfen für die alten Länder im Jahr 1993 ausgesetzt worden waren und alle verfügbaren Mittel in Höhe von 1,02 Mrd. DM den neuen Ländern zur Verfügung gestellt wurden, sind die Verpflichtungsrahmen nahezu unverändert geblieben; sie betrugen für die alten Länder in den Jahren 1994 bis 2000 insgesamt rd. 80 Mio. DM und für die neuen Länder im gleichen Zeitraum insgesamt rd. 1,47 Mrd. DM. Erst ab dem Jahr 1999 hat der Bund die Verpflichtungsrahmen wieder nennenswert verändert. Insbesondere wegen der Einführung des neuen Programms „Die soziale Stadt" (1999), aufgrund der Anhebung der Städtebauförderung West auf jährlich rd. 180 Mio. DM (2001) und infolge des Starts des Programmbereichs „Stadtumbau Ost" (2002) haben sich die Bundesfinanzhilfen vom Jahr 1998 bis zum Jahr 2002 auf rd. 1.150 Mio. DM etwa verdoppelt.

Der Bund beteiligt sich an der Finanzierung der Städtebauförderung seit 1988 in der Regel zu einem Drittel. In einigen Programmen und Programmbereichen weicht er davon allerdings ab und übernimmt einen Anteil von bis zu 50 %. Der Bund will damit die Kommunen entlasten und deren Schwäche ausgleichen, sich mit Eigenmitteln an der Städtebauförderung zu beteiligen.

Der von den Ländern gemeldete Bedarf hat keinen erkennbaren Einfluss auf die Festsetzung der Höhe der Bundesmittel. Diese sind für die Städtebauförderung in den alten Ländern seit Jahren gleich geblieben, obwohl Anträge auf Förderung von Gemeinden und Gemeindeverbänden in jährlich unterschiedlicher Höhe gestellt wurden und die insgesamt beantragte Förderungssumme den Verpflichtungsrahmen des Bundes jeweils um ein Vielfaches überstieg.

7.2   Verfahrensbeteiligte

7.2.1   Bundesministerium für Verkehr, Bau- und Wohnungswesen und Bundesministerium der Finanzen

Die Aufgabenbereiche Städtebauförderung in den alten und neuen Bundesländern, Grundsatzfragen der Stadt- und Dorferneuerung sowie städtebaulicher Denkmalschutz werden im BMVBW von einem Referat wahrgenommen.

Im BMF ist das Spiegelreferat für das Kapitel 12 25 des Bundeshaushalts an der Haushaltsaufstellung und der Mittelbereitstellung beteiligt.

7.2.3   Bauministerkonferenz (ARGEBAU)

Die Konferenz der für Städtebau, Bau- und Wohnungsfragen zuständigen Minister und Senatoren der Länder (Bauministerkonferenz - ARGEBAU), deren ständiger Gast das BMVBW ist, befasst sich entsprechend ihrer Geschäftsordnung selbst oder mittels ihrer nachgeordneten Ausschüsse, Fachkommissionen und Arbeitskreise auf Beamtenebene mit allen übergreifenden Fragen der Städtebauförderung, koordiniert aber auch operativ den Vollzug der Rechts- und Verwaltungsvorschriften. Besonders zu nennen ist in diesem Zusammenhang die Fachkommission „Städtebau".

7.2.4 Ministerien der Länder

Auf der Länderseite sind an der Städtebauförderung in erster Linie die jeweils zuständigen Fachressorts (z.B. Bau- oder Innenministerien), an der Mittelbereitstellung überdies die jeweiligen Finanzministerien beteiligt.

7.3 Verfahren

7.3.1 Aufstellung der Verwaltungsvereinbarung und des Bundesprogramms

Die Bundesfinanzhilfen werden jährlich auf der Grundlage eines vom BMVBW erstellten sog. Bundesprogramms zur Verfügung gestellt. Dieses Bundesprogramm fasst die von den Ländern nach räumlichen und sachlichen Schwerpunkten erarbeiteten und aufgestellten sog. Landesprogramme über zu fördernde städtebauliche Maßnahmen in einer Übersicht zusammen und gibt die im Programmjahr auf die Einzelmaßnahmen entfallenden Finanzhilfebeträge wieder.

Der Bund ist zwar grundsätzlich berechtigt, einzelne städtebauliche Maßnahmen nicht in das Bundesprogramm zu übernehmen, soweit sie den Zweckbindungen der Vereinbarung nicht entsprechen oder gänzlich ungeeignet sind, zur Verwirklichung der mit den Finanzhilfen angestrebten Ziele beizutragen (vgl. z.B. Art. 6 Abs. 2 S. 1 VV - Städtebauförderung 1998). Auch gibt es immer wieder Fälle, in denen der Bund gegenüber den Ländern Bedenken erhebt. Da er aber nur in ganz engen rechtlichen Grenzen in der Lage ist, Maßnahmen definitiv abzulehnen, macht er diese lediglich informell geltend. Damit will er im Konsens erreichen, dass Vorschläge geändert und in das Bundesprogramm andere Maßnahmen aufgenommen werden, als von den Ländern ursprünglich gewünscht. Zu einem Fall, in dem eine städtebauliche Maßnahme vom Bund gegen den Willen der Länder aus den vorgenannten Gründen nicht übernommen worden wäre, kam es in den letzten Jahren nicht.

Die VV-Städtebauförderung 1998 war - wie einige ihrer Vorläufer bereits in der Vergangenheit - auf die Dauer eines Jahres begrenzt. Die Länder und auch das BMVBW sehen in einer solchen Befristung die Ursache für einen unnötigen Verwaltungsaufwand. Bis zur Unterzeichnung der VV durch die

Länder dauert es teilweise mehrere Monate, die für den Haushaltsvollzug nicht mehr zur Verfügung stehen, was dazu führen kann, dass bereitgestellte Ausgabemittel im laufenden Haushaltsjahr nicht mehr ausgegeben werden können. Die verschiedentlich vorgetragenen Forderungen der Länder nach mehr Planungssicherheit mit Hilfe einer mittelfristig ausgerichteten Verwaltungsvereinbarung (Laufzeit drei bis fünf Jahre) sind bislang nicht umgesetzt worden.

7.3.2 Durchführung der Verwaltungsvereinbarung

Eine städtebauliche Maßnahme wird vom jeweiligen Landesbauministerium in das Förderungsprogramm aufgrund eines Antrags der Gemeinde aufgenommen, in deren Gebiet saniert werden soll. Während die Gemeinden im Wesentlichen für die Vorbereitung der Sanierung sowie die entsprechenden Ordnungsmaßnahmen Verantwortung tragen, bleibt die Durchführung der einzelnen Baumaßnahmen den jeweiligen Eigentümern, privaten oder öffentlichen Bauherren, überlassen (siehe dazu §§ 140 ff. BauGB).

Die Finanzhilfen des Bundes sollen in der Regel mit Beginn des jeweiligen Haushaltsjahres, frühestens mit Beginn des Programmvollzuges, an die Länder zur selbständigen Bewirtschaftung verteilt werden. Die Bundesmittel werden als Einnahmen in die Haushalte der Länder eingestellt und nach deren Haushaltsrecht bewirtschaftet. Die Länder können für eine bestimmte städtebauliche Maßnahme bereitstehende Finanzhilfebeträge, die dort zur Zeit nicht oder nicht mehr benötigt werden, für eine andere Maßnahme des Bundesprogramms einsetzen. Diese sog. Umschichtungen sind dem Bund anzuzeigen. Finanzhilfen, die nicht eingesetzt werden können, sind dem Bund bis zu einem bestimmten Datum zurückzugeben. Mittel, die im Rahmen früherer Bundesprogramme bereitgestellt wurden und nach dem Ergebnis der Abrechnung der entsprechenden Maßnahme nicht mehr benötigt werden, setzen die Länder seit Jahrzehnten in eigener Regie für andere Programme ein.

Nach Abschluss einer Maßnahme oder bei vorzeitigem Abbruch einer Förderung unterrichtet das Land den Bund in Form eines zusammenfassenden

7 Finanzhilfe nach Art. 104a Abs. 4 GG „Städtebauförderung" - tatsächliche Gegebenheiten

Berichts auf der Grundlage einer maßnahmebezogenen Abrechnung (z. B. Art. 11 Abs. 3 i.V.m. Art. 7 Abs. 4 VV - Städtebauförderung 1998). Grundsätzlich werden die Fördermittel des Bundes als Vorauszahlung gewährt und erst im Abschlussbericht wird endgültig bestimmt, ob die Leistung als Darlehen oder Zuschuss ausgereicht wird. In den Förderbereichen, die ausschließlich für die neuen Länder gelten, werden die Bundesfinanzhilfen jedoch von vornherein als Zuschuss gewährt.

Der Einsatz der Komplementärmittel der Länder ist zeitnah nachzuweisen. Von den im Jahre 1997 abgerechneten über 100 Sanierungsmaßnahmen der alten Bundesländer hatten 31 bereits in den Jahren 1971 und 1972 begonnen, d. h. bis zur Schlussabrechnung sind bei rd. einem Drittel der Maßnahmen 20 - 25 Jahre vergangen. Die Prüfung des BMVBW erstreckt sich inhaltlich im Wesentlichen darauf, ob ausreichende Komplementärmittel des jeweiligen Landes in die Sanierung eingeflossen sind. Zu einer Beanstandung kam es insoweit in den letzten Jahren nicht.

7.3.3 Erfolgskontrolle und Zielerreichung

Inwieweit mit den eingesetzten Finanzhilfen zur Förderung des Städtebaus die angestrebten Ziele erreichbar und Verbesserungen auf den Mitteleinsatz zurückzuführen sind, wird vom BMVBW im Wesentlichen anhand einer Reihe von Untersuchungen aus den Jahren 1994 - 1997 beurteilt. Das von ihm in Auftrag gegebene Gutachten des Deutschen Institutes für Wirtschaftsforschung (DIW) kommt hinsichtlich möglicher Anstoß- und Bündelungseffekte der Städtebauförderung von Bund und Ländern zu folgenden Ergebnissen:

Die Finanzhilfen des Bundes bestimmten weitgehend das Niveau des Einsatzes von Landesmitteln. Eine DM Städtebauförderungsmittel bewirke den Einsatz von 3,20 DM Förderungsmittel der öffentlichen Hand (Bündelungseffekt). Die gesamten öffentlichen Mittel stünden zu den privaten Investitionen im Verhältnis 1 : 2, d. h. 1 DM öffentlicher Mittel löse 2 DM private Investitionen aus. Die Städtebauförderungsmittel von Bund und Ländern bewirkten öffentliche (staatliche und kommunale) und private Bauinvestitionen in 7,9-facher Höhe, d. h. 1 DM staatlicher Förderungsmittel führe zu rd. 8 DM öffentlicher und privater Bauinvestitionen (Anstoßeffekt). Bei einem angenommenen jährlich wiederkehrenden Programmvolumen von 1 Mrd. DM könnten im Bauhauptgewerbe, in den vorgelagerten Produktionsbereichen und über den Multiplikatoreffekt insgesamt mehr als 100 000 Menschen beschäftigt werden (Beschäftigungswirkung).

Zusammenfassend gehen das BMVBW und der Ausschuss für Raumordnung, Bauwesen und Städtebau des Deutschen Bundestages[34] davon aus, dass die Städtebauförderung von allen öffentlichen Förderbereichen (Finanzhilfen oder Gemeinschaftsaufgaben) die stärksten Anstoß- und Bündelungswirkungen entfalte, die geringsten Fehlinvestitionen und Mitnahmen zeige und auch wegen der mittelständischen Ausrichtung der Maßnahmen die vergleichsweise höchsten Beschäftigungseffekte erziele.

---

[34] BT-Drs. 13/7830 S. 4-5

8 Finanzhilfe nach Art. 104a Abs. 4 GG „Wohnungsbauförderung" - tatsächliche Gegebenheiten

8.1 Allgemeines

8.1.1 Rechtsgrundlagen und Ziele

Die Zuständigkeiten für Wohnungsbau und Wohnungsbauförderung liegen nach der verfassungsmäßigen Aufgabenteilung bei den Ländern. Bis zum 31.12.01 förderte der Bund auf der Grundlage des gemäß Art. 74 Abs. 1 Nr. 18 GG erlassenen Zweiten Wohnungsbaugesetzes (II. WoBauG) mit Finanzhilfen gemäß Art. 104a Abs. 4 Satz 2 Var. 1 GG den sozialen Wohnungsbau. Mit Wirkung vom 01.01.2002 beteiligt er sich nach dem Wohnraumförderungsgesetz (WoFG) vom 13.09.2001 an der sozialen Wohnraumförderung. Mit § 38 WoFG ist die Gewährung von Finanzhilfen in Höhe von jährlich 230 Mio. Euro und darüber hinaus nach Maßgabe des jeweiligen Bundeshaushaltsgesetzes dauerhaft gesetzlich geregelt worden.

Die Bundesfinanzhilfen werden gewährt, um Investitionen im Wohnraumneubau und im Bestand anzustoßen. Die Bundesfinanzhilfen gehen in die Förderprogramme der Länder ein. Die Länder legen durch eigene Bestimmungen die Einzelheiten der Förderung und des Verwaltungsverfahrens fest. Die Kriterien, nach denen über die Vergabe der Mittel entschieden wird, und der Umfang der Förderung sind in den einzelnen Ländern unterschiedlich. Auf kommunaler Ebene werden zum Teil ergänzende Förderleistungen, insbesondere durch finanzielle Beteiligung an der Förderung oder durch Bereitstellung von Grundstücken erbracht.

Mit der Förderung nach dem II. WoBauG war die Beseitigung von Wohnungsmangel und die Sicherung einer ausreichenden Wohnungsversorgung breiter Bevölkerungsschichten angestrebt worden. Ziel der sozialen Wohnraumförderung nach dem WoFG ist nunmehr die Unterstützung von Haushalten, die sich aufgrund geringen Einkommens oder bestimmter sozialer Merkmale nicht selbst am Wohnungsmarkt mit angemessenem Wohnraum versorgen können. An die Stelle der bisherigen Ausrichtung auf ein ausgeweitetes Wohnungsangebot durch Schaffung von Wohnraum ist im Förderrecht eine stärkere Berücksichtigung der vorhandenen Wohnungen getreten. Fördergegenstände sind nunmehr neben dem Wohnungsneubau auch Maßnahmen im Bestand, mit denen Belegungs- und Mietbindungen begründet werden oder selbstgenutztes Wohneigentum gebildet wird. Nach landesrechtlichen Bestimmungen werden die Neuschaffung von Mietwohnungen oder selbstgenutztem Wohneigentum (Wohnungsneubau), die Schaffung von Wohnraum durch Ausbau, Umbau, Aufstockung oder Anbau an vorhandene Gebäude sowie Modernisierungsmaßnahmen, wenn dadurch kommunale Belegungsrechte geschaffen werden, gefördert.

Anträge auf Förderung können nach dem WoFG alle Bauherren stellen, die bestimmte Voraussetzungen erfüllen und bereit sind, die für die Förderung als Gegenleistung verlangten Belegungs- und Mietpreisbindungen zu akzeptieren. Daneben können Förderempfänger auch die Erwerber bestehenden Wohnraums oder Verfügungsberechtigte sein. Die Fördermittel werden als Darlehen zu Vorzugsbedingungen oder als Zuschüsse gewährt.

8.1.2 Mittel des Bundes

Die Ausgaben des Bundes für die Wohnungsbauförderung sind in Kap. 12 25 Tgr. 02 des Bundeshaushalts veranschlagt. In den Jahren 1991 bis 1997 wurden den Ländern Bundesfinanzhilfen für den sozialen Wohnungsbau von insgesamt nahezu 21 Mrd. DM zur Verfügung gestellt, davon 14,6 Mrd. DM für die alten und 6,4 Mrd. DM für die neuen Länder. Die Fördermittel, die den Ländern in diesem Zeitraum zur Verfügung standen, beliefen sich auf etwa 105 Mrd. DM. Im Einzelnen entwickelten sich die Verpflichtungsrahmen der Titelgruppe wie folgt:

Jahr	1997	1998	1999	2000	2001	2002
Mio. DM	2010	1347	1100	600	450	587

Vom Verpflichtungsrahmen eines Jahres, der - je nach Programm unterschiedlich - über mehrere Haushaltsjahre verteilt den Ländern zur Verfügung gestellt wird, ist die jährliche Veranschlagung im Haushalt zu unterscheiden, in die Teilbeträge der Verpflichtungsrahmen vorangegangener Haushaltsjahre und des laufenden Jahres einfließen. Für den Haushalt 1998 waren beispielsweise insgesamt 2,91 Mrd. DM veranschlagt, für den Haushalt 1999 2,51 Mrd. DM und für den Haushalt 2000 schließlich 2,05 Mrd. DM. Die Vorbelastung des Bundes für die Folgejahre aufgrund eingegangener Verpflichtungen betrug Ende 1997 rd. 10 Mrd. DM (sog. Altverpflichtungen einschließlich Ausgabereste).

Die Mittel für den sozialen Wohnungsbau sind vor dem Hintergrund weitgehend entspannter Wohnungsmärkte und der anhaltenden Knappheit in den öffentlichen Kassen seit dem Jahr 1997 deutlich zurückgeführt worden. Die andere Schwerpunktsetzung des WoFG (insbesondere bedarfsgruppen- statt breitenorientierter Förderung sowie verstärkte Maßnahmen im Wohnungsbestand) wird den Neubaubedarf und den notwendigen Mitteleinsatz weiter reduzieren. Der Anteil der im sozialen Wohnungsbau bzw. in der sozialen Wohnraumförderung geförderten Neubauwohnungen am gesamten Neubauvolumen liegt derzeit bei nur noch rd. 10 %.

Der Anteil der neuen Länder an den Bundesfinanzhilfen betrug wegen des hohen investiven Nachholbedarfs zunächst zwischen 40 % und 37 %, also mehr, als ihrem Anteil von rd. 20 % an der Gesamtbevölkerung entsprach. Im Hinblick auf die seit 1991 erreichten Verbesserungen soll der Mittelanteil nach einem Votum der Bauministerkonferenz bis zum Jahr 2006 schrittweise auf den Bevölkerungsanteil zurückgeführt werden. Im Programmjahr 2001 lag der Mittelanteil bei rd. 39 %, im Jahr 2002 sind es 34,5 % und für das Jahr 2003 sind rd. 32,5 % vorgesehen.

Insgesamt lässt sich festhalten, dass sich die Höhe der Finanzhilfen zur Wohnungsbauförderung in erster Linie nach allgemeinen Grundsätzen sowie den Leitlinien der Haushalts- und Finanzpolitik des Bundes richtet. Auch wenn es sich - anders als bei den Finanzhilfen zur Städtebauförderung in den alten Ländern (siehe Tz. 7.1.1 und 7.1.2) - nicht um über Jahre feststehende Beträge handelt, ist nicht erkennbar, inwieweit ein von den Ländern im Einzelnen geltend gemachter Bedarf letztlich Einfluss auf die festgesetzten Bundesmittel hätte.

8.2 Verfahrensbeteiligte

8.2.1 Bundesministerium für Verkehr, Bau- und Wohnungswesen und Bundesministerium der Finanzen

Die Bundesaufgaben bei der Wohnungsbauförderung sind im BMVBW auf zwei Referate aufgeteilt.

Im BMF ist das sog. „Spiegelreferat" für das Kapitel 12 25 des Bundeshaushalts an der Haushaltsaufstellung und der Bereitstellung der Bundesfinanzhilfen beteiligt.

8.2.2 Bauministerkonferenz (ARGEBAU)

Die Konferenz der für Städtebau, Bau- und Wohnungswesen zuständigen Minister und Senatoren der Länder (Bauministerkonferenz - ARGEBAU) befasst sich entsprechend ihrer Geschäftsordnung mit Fragen der Wohnungsbauförderung. Insbesondere ist auf ihren Ausschuss für Wohnungswesen hinzuweisen. Im übrigen gelten hierzu die Darlegungen unter Tz. 8.2.3 entsprechend.

8.2.3 Ministerien der Länder

Die für Wohnungsbau zuständigen Fachressorts der Länder (z.B. Innen- oder Bauministerien) sind an der Aufstellung der Programme und der Verwaltungsvereinbarungen sowie am Vollzug der Fördermaßnahmen beteiligt, die jeweiligen Finanzministerien an der Haushaltsaufstellung und Mittelbereitstellung.

8.3 Verfahren

8.3.1 Aufstellung der Verwaltungsvereinbarung

Neben dem WoFG sind bei der sozialen Wohnraumförderung - entsprechend der Städtebauförderung (siehe dazu Tz. 7.1.1) - als weitere Regelungen die fortgeltende Grundvereinbarung aus dem Jahre 1986 (siehe dazu Tz. 2.5.3) und die jährlich neu auszuhandelnden Verwaltungsvereinbarungen zwischen Bund und Ländern (VV-Wohnungsbauförderung) zu beachten.

Die Frage, in welchem Umfang der Bund bei der Gewährung von Finanzhilfen zur sozialen Wohnraumförderung eigene Zielvorstellungen einbringen kann, und wann die Grenze verfassungsrechtlich unzulässiger Dotationsauflagen überschritten ist, wurde zwischen Bund und Ländern in der Vergangenheit kontrovers diskutiert[35]. Beispielsweise hatte sich das Land Nordrhein-Westfalen gegen aus seiner Sicht verfassungsrechtlich unzulässige Dotationsauflagen wie etwa die Festlegung bestimmter Förderwege verwahrt und seine Zustimmung zur VV-Wohnungswesen 1996 von bestimmten Maßgaben und Vorbehalten abhängig gemacht. Es hatte in Zweckbestimmungen des Bundes, bestimmte Beträge beispielsweise für die Bekämpfung von Obdachlosigkeit bzw. für den sozialen Wohnungsbau in städtebaulichen Sanierungs- und Entwicklungsgebieten einzusetzen, nur eine unverbindliche Ermächtigung, keine rechtliche Verpflichtung gesehen. Andere Länder hatten ähnliche Kritik geäußert. Nach Angaben des BMVBW ist im Zuge der Reform des sozialen Wohnungsbaus nunmehr jedoch Einigkeit über die Ziele und Maßnahmen der sozialen Wohnraumförderung erzielt und die Verwaltungsvereinbarung einvernehmlich überarbeitet worden.

Anders als im Bereich der Städtebauförderung sieht das BMVBW keinen Anlass, von der einjährigen Laufzeit der jeweiligen Verwaltungsvereinbarung abzugehen. Dies entspräche dem Prinzip der Einjährigkeit des Bundeshaushaltsplans. Mehrjährige Verwaltungsvereinbarungen über das jeweilige Haushaltsjahr hinaus seien ohnehin nur unverbindliche Absichtserklärungen zu den Verpflichtungsrahmen der Finanzhilfen künftiger Jahre.

8.3.2 Durchführung der Verwaltungsvereinbarung

Bei der Durchführung der im Prinzip schon beschlossenen jährlichen VV-Wohnungsbauförderung kommt es immer wieder zu bedeutsamen Verzögerungen. Die Wohnungsbauförderungsmittel für das Jahr 1995 wurden z. B. erst im August 1995 ausgezahlt, nachdem die noch fehlende Unterschrift des

---

[35] Zum begrenzten Einfluss des Bundes bei der Bestimmung von Förderzielen und -maßstäben eines Sonderprogramms zur Förderung des Wohnungsbaus in Regionen mit erhöhter Wohnungsnachfrage vergl. BRH-Bemerkung zur Planung und Erfolgskontrolle bei Subventionen des Bundes, Bemerkungen 1996, BT-Drs. 13/5700, S. 46 ff.

letzten Landes eingegangen war. Dass die Gegenzeichnung der Verwaltungsvereinbarung Wochen oder sogar Monate in Anspruch nimmt, ist nach Auffassung des BMVBW auf das Abstimmungsverfahren in einzelnen Ländern zurückzuführen. Verzögerungen auf Bundesseite treten erfahrungsgemäß in dem auf Bundestagswahlen folgenden Jahr auf.

8.3.3 Erfolgskontrolle und Zielerreichung

Unabhängig von gewissen Effizienzunterschieden zwischen einzelnen Förderarten ist das BMVBW der grundsätzlichen Auffassung, dass bei der sozialen Wohnraumförderung von einer Anstoßwirkung bezogen auf die geförderten Wohnungen - mit Schwankungen je nach Förderweg, Bauvorhaben, Zielgruppe und Region - in einer Größenordnung von etwa einem Dreifachen der Förderbeträge auszugehen sei. Mit den von Bund und Ländern beispielsweise im Jahre 1996 gegebenen 15 Mrd. DM für den sozialen Wohnungsbau seien Investitionen von insgesamt 45 Mrd. DM angestoßen worden.

Ein Bauvolumen von 1 Mrd. DM sichere mindestens 13 000 Arbeitsplätze direkt; der Bau von 10 000 neuen Wohnungen schaffe Arbeit für 20 000 Beschäftigte. Über die aufgrund der vorhandenen Daten nicht exakt bezifferbaren Anstoßwirkungen hinaus habe die Förderung eine allgemeine Signalwirkung für den Wohnungsbaumarkt (Beispielswirkung für andere Geldgeber). Ihre besondere Bedeutung läge jedoch in der Stabilisierung eines gewissen „Sockels" von Wohnungsbauinvestitionen. Zwischen 20 und 25 % der jährlich neu gebauten Wohnungen seien in der Vergangenheit im sozialen Wohnungsbau gefördert worden. Derzeit läge der Anteil der in der sozialen Wohnraumförderung geförderten Neubauwohnungen allerdings nur noch bei rund 10 %.

9 Übergreifende Bewertungen und Empfehlungen zu den Gemeinschaftsaufgaben und Finanzhilfen

9.1 Allgemeine Kritik der Mischfinanzierung

9.1.1 Instrumentarium

Die Instrumente der Mischfinanzierung wurden bei der Finanzreform 1969 eingeführt, um die bis dahin unsystematischen Eingriffe des Bundes in Länderaufgaben gesetzlich zu regeln. Zugleich sollten Bundes-, Länder- und Gemeinschaftsaufgaben durch eine klare verfassungsmäßige Strukturierung deutlich voneinander abgegrenzt werden. Unter „ökonomischen Gesichtspunkten" sollte die Mischfinanzierung durch eine Bündelung und Koordinierung der Ressourcen verschiedener Ebenen die Effizienz der öffentlichen Mittelverwendung steigern.

Bereits in den siebziger Jahren zeigte sich jedoch, dass die Mischfinanzierung diesen Zielsetzungen nicht gerecht werden würde[36]. Durch die gemeinsame Planung oder Finanzierungszuständigkeit, die Vielzahl der Einzelprogramme mit sich zum Teil überlagernden und kumulativen Wirkungen und die Ergänzung durch landeseigene Förderprogramme wurde eine unübersichtliche Entscheidungs- und Koordinierungsbürokratie mit starren Verfahrensabläufen und einem Korsett von gegenseitigen Abhängigkeiten geschaffen. Zudem gehen die Gemeinschaftsaufgaben nicht selten an strukturellen Bedarfslagen vorbei, wenn aus dem Gedanken einer Gleichbehandlung aller Länder oder unter dem Gesichtspunkt der Minimierung eines möglichen Verteilungsstreites die Haushaltsmittel ohne ausreichende Beachtung regionaler oder struktureller Erfordernisse eingesetzt werden.

Die frühzeitigen Zweifel an der Sinnhaftigkeit des Instituts der Mischfinanzierung[37] haben sich schon sehr bald zu grundsätzlicher Kritik verstärkt. Wesentlicher Ansatzpunkt hierfür ist die in jüngerer Zeit gewonnene Ein-

---

[36] Vgl. Gutachten des Wissenschaftlichen Beirats beim Bundesministerium der Finanzen zum Länderfinanzausgleich in der Bundesrepublik Deutschland vom 14.11.92, Abschn. VI A, S. 104 ff.

[37] Vgl. Liesegang/Plöger „Schwächung der Parlamente durch den kooperativen Föderalismus?" in DÖV 1971, Heft 7 und Schulte „Mitplanung und Mitfinanzierung von Länderaufgaben durch den Bund" in „Die Finanzbeziehungen zwischen Bund, Ländern, Gemeinden", BMF, September 1982

sicht, dass die oft nicht mehr überschaubaren Finanzbeziehungen zu bürokratischem Aufwand und zu einer Verwischung der Verantwortlichkeiten führen, Reformen erschweren und dem Grundsatz der Subsidiarität widersprechen[38].

Das BMF hatte bereits im Jahre 1982 angeregt[39], aus gesamtstaatlicher Sicht zu überlegen, „ob eine Fortführung der gemeinsamen Finanzierung dem Wesen der Gemeinschaftsaufgabe noch entspricht". Diesen Gedanken hat der Wissenschaftliche Beirat beim BMF im November 1992[40] aufgegriffen und gefordert, dass „die Mischfinanzierung ... daher eingeschränkt und auf ein Mindestmaß zurückgeführt werden (sollte). Ihre Rolle im Rahmen eines reformierten Systems des Finanzausgleichs sollte so festgelegt werden, dass die Länder mehr Autonomie in ihrer Haushaltswirtschaft erhalten. Dies könnte zum Beispiel dadurch erreicht werden, dass der Länderanteil an der Umsatzsteuer entsprechend angehoben wird". Die Ausführungen des Wissenschaftlichen Beirats beim BMF decken sich mit der Kommentar-Literatur zu Art. 91 a GG[41], die in den Gemeinschaftsaufgaben ohnehin nur „das Bild einer bestimmten Zeit" sieht.

Grundsätzliche Fragen zum Bund-/Länder-Verhältnis hat auch der von der damaligen Bundesregierung eingesetzte Sachverständigenrat „Schlanker Staat" aufgegriffen[42]. Er hat u.a. ausgeführt: „Ziel muss es sein, zu einer klaren Zuordnung von Verantwortlichkeiten zwischen den staatlichen Ebenen Bund, Länder und Kommunen zu gelangen. Ein Beispiel dafür ist die Mischfinanzierung zwischen Bund und Ländern bzw. zwischen Kreisen und Gemeinden. Sie ist Quelle erheblicher Bürokratie und erschwert die Zuord-

---

[38] Vgl. Gutachten des Wissenschaftlichen Beirats beim BMF zum Länderfinanzausgleich in der Bundesrepublik Deutschland vom 14.11.92 Abschnitt VI A, S. 104 ff.; Jahresgutachten 1997/98 des Sachverständigenrates zur Begutachtung der gesamtwirtschaftlichen Entwicklung, BT-Drs. 13/9090, S. 8; Puchta „Mehr Autonomie für Länder und Gemeinden", FAZ vom 28.06.97; Karl-Bräuer-Institut: Mischfinanzierungen, Schriftenreihe des Bundes der Steuerzahler, Heft 50

[39] Vgl. Schulte „Mitplanung und Mitfinanzierung von Länderaufgaben durch den Bund" in: „Finanzbeziehungen zwischen Bund-Länder-Gemeinden" BMF vom September 1982

[40] A.a.O. (Fn. 38)

[41] vgl. Maunz, in Maunz-Dürig, Kommentar zum GG, Rdnr. 25 zu Art. 91a

[42] Sachverständigenrat Schlanker Staat vom Oktober 1996 - Gemeinsame Ziele für Bund und Länder zur Verwaltungsmodernisierung, Tz. 2.

nung eindeutiger Verantwortlichkeiten. Dem föderalen Aufbau und damit dem Subsidiaritätsprinzip würde es vielmehr entsprechen, wenn man die Mischfinanzierung soweit wie möglich zurückführt. Damit bekommen Aufgaben wie Wohnungsbau, Hochschulbau oder Wirtschaftsförderung wieder einen echten politischen Gehalt bei den Ländern, die ihnen neue Gestaltungsmöglichkeiten eröffnen."

Positiv werden die Gemeinschaftsaufgaben und die damit zusammenhängende Mischfinanzierung ganz überwiegend nur von den an den jeweiligen Verfahren unmittelbar fachlich Beteiligten eingeschätzt[43]. Dies wird auch aus den Stellungnahmen der betroffenen Bundesministerien zu diesem Bericht deutlich, die im Anhang unter Tz. 16 abgedruckt sind. Dabei lassen deren besondere Interessen die unleugbaren Grundprobleme als lösbar erscheinen, wenn nicht sogar ihre offenkundigen Nachteile in besondere Vorzüge umgedeutet werden: Die Fachressorts des Bundes erkennen vor allem die Möglichkeit, die Aufgabenerledigung in den Ländern inhaltlich zu beeinflussen („goldener Zügel"); damit wird jedoch die grundsätzliche Verantwortungsteilung zwischen den staatlichen Ebenen verwischt. Die Fachressorts in den Ländern wiederum sehen, dass ihnen wegen der ausgereichten Bundesmittel de facto entsprechende Komplementärmittel aus den jeweiligen Landeshaushalten garantiert sind („Bundesgeld nicht verfallen lassen"); auf diese Weise wird jedoch eine unverzerrte Prioritätensetzung in den Ländern erschwert. Ein ehemaliger Bundesminister der Finanzen als Verantwortlicher für den Gesamthaushalt des Bundes bewertete die Gemeinschaftsaufgaben hingegen sehr kritisch[44]. Auch die aktuellen finanzpolitischen Leitlinien des BMF erkennen dringenden Überprüfungs- und Korrekturbedarf (vgl. Tz. 1).

Der BWV sieht bei der Mischfinanzierung im Wesentlichen ebenfalls mehr Nachteile als Vorzüge, was im folgenden näher dargelegt werden soll:

---

[43] Vgl. 27. Rahmenplan der Gemeinschaftsaufgabe „Verbesserung der regionalen Wirtschaftsstruktur", BT-Drs. 13/9992, S. 5-8

[44] Bundesminister Dr. Waigel in Wildbad Kreuth (Handelsblatt vom 09.01.98)

9.1.2 Komplexität der Mischfinanzierung

Die verschiedenen Formen der Mischfinanzierung zwischen Bund und Ländern weisen je nach Finanzierungstyp gemäß Art. 91a GG, Art. 91b GG oder Art. 104a Abs. 4 GG unterschiedlich stark ausgeprägt sowohl Elemente des (vertikalen) Finanzausgleichs, der Fachplanung, der Haushaltsplanung und des Haushaltsvollzugs auf. Hinsichtlich ihrer Zielgruppen (Letztempfänger) stellen sie überwiegend Subventionen („Beihilfen" im EG-rechtlichen Sinne) dar. Als dergestalt komplexes Instrument sind sie zwangsläufig im Grundsatz und im Detail problematisch und führen sowohl zu Verwerfungen im Bund-/Länderverhältnis wie zu Schwierigkeiten in der täglichen Verwaltungspraxis.

Im Zusammenhang mit der Diskussion um eine Neuordnung der Finanzverfassung ist die Mischfinanzierung schon wiederholt in Frage gestellt worden[45]. Aber aufgrund ihrer grundgesetzlichen Verankerung und ihrer für die Landesfachministerien bei der landesinternen Haushaltsaufstellung günstigen Finanzierungskomponente wird sie weder von den Fachressorts im Bund noch von denen der meisten Länder auf ihre Entbehrlichkeit hin untersucht. Der BWV hat zudem den Eindruck gewonnen, dass die Ressorts des Bundes wohl auch angesichts der finanziellen Größenordnung und ihrer daraus abgeleiteten „Bedeutung" nur ungern auf Gemeinschaftsaufgaben und Finanzhilfen verzichten würden.

9.1.3 Gemeinschaftsaufgaben nach Art. 91a GG

Nach Art. 91a Abs. 1 Satz 1 GG sind Gemeinschaftsaufgaben grundsätzlich Länderaufgaben; die Mitwirkung des Bundes ist daher nicht auf Dauer erforderlich[46]. Vielmehr müssten die Gemeinschaftsaufgaben mit Erreichung ihres Ziels „Verbesserung der Lebensverhältnisse" oder bei Feststellung

---

[45] Vgl. Gutachten des Wissenschaftlichen Beirats beim BMF zum Länderfinanzausgleich in der Bundesrepublik Deutschland vom 14.11.92, Abschnitt VI A, S. 104 ff; Karl-Bräuer-Institut; Mischfinanzierungen, Schriftenreihe des Bundes der Steuerzahler, Heft 50, S. 24; Jahresgutachten 1997/98 des Sachverständigenrates zur Begutachtung der Gesamtwirtschaftlichen Entwicklung, 1. Kap., Tn. 19; Bundesminister Dr. Waigel vor dem CDU-Wirtschaftsrat (Meldung FAZ vom 24.04.98).

[46] Vgl. hierzu Maunz, in Maunz-Dürig, Kommentar zum GG, Rdnr. 25 zu Art. 91a und Schulte „Mitplanung und Mitfinanzierung von Länderaufgaben durch den Bund" in: „Finanzbeziehungen zwischen Bund-Länder-Gemeinden" BMF vom September 1982

ihrer Nichterreichbarkeit wieder in die alleinige Länderzuständigkeit zurückgeführt werden.

9.1.3.1 Erfolgskontrolle und Zielerreichung

In der Praxis erweist sich die Feststellung der Zielerreichung als schwierig: So wird es bei der Gemeinschaftsaufgabe „Hochschulbau" stets einen Investitionsbedarf geben, ohne dass deshalb „gesamtstaatliche Ziele" oder „unzureichende Lebensverhältnisse" eine dauerhafte Intervention des Bundes unabdingbar machen würden[47]. Allein schon die Vielzahl und ständige Veränderung der Förderziele der Gemeinschaftsaufgabe „Agrarstruktur und Küstenschutz" lässt keinen Schluss auf eine irgendwann einmal „endgültige" Zielerreichung zu. „Dynamisch" wird der Zielkatalog vielmehr stetig so angepasst, dass die Agrarstruktur dauerhaft als verbesserungsbedürftig erscheint. Da für die Gemeinschaftsaufgabe „Regionale Wirtschaftsstruktur" mit ihrem konzentriert und eindeutig erscheinenden Förderziel „Schaffung von dauerhaft wettbewerbsfähigen Arbeitsplätzen" scheinbar eher messbare Indikatoren gebildet werden können, sind hier zwar vordergründig reale Zielgrößen leichter setzbar. Da aber ihre Umsetzung kaum nachprüfbar ist und auch bei einer Annäherung der regionalen Indikatoren gewisse Unterschiede hinsichtlich Beschäftigungsgrad und Einkommen dauerhaft unvermeidbar sein werden, ist bei der Gemeinschaftsaufgabe „Regionale Wirtschaftsstruktur" ebenfalls keine Zielerreichung abzusehen.

Die verschiedenen, sich teilweise überlagernden Förderungen durch EG, Bund, Länder und Kommunen erschweren Erfolgskontrollen noch weiter. Eine Äußerung aus dem Hochschulbereich sei in diesem Zusammenhang beispielhaft angeführt: „Kaskadenartig überlappt sich hier etwas, was von Brüssel nach Deutschland schwappt, von Bonn dann weiter nach Thüringen, und in Thüringen wird vielleicht noch ein Landesprogramm auf Kommunalebene aktiviert ... Nun soll das alles evaluiert werden. Nach den Brüsseler Richtlinien soll evaluiert werden, nach den Bonner Bestimmungen natürlich

---

[47] BRH Bemerkungen 1997, Tz.73 und (nicht veröffentlichte) Prüfungsmitteilung vom 20.05.97 - VII 7 - 3700/96 (I)

dann, wenn es sich etwa um Art. 91a GG - Mittel handelt ... Wie wollen Sie ... die Effekte auf einzelne Programme zurechnen ... Wie wollen Sie denn eigentlich den kausalen Zusammenhang herstellen zwischen bestimmten Förderinputs ... Also selbst wenn wir evaluieren würden, würde sich bei einer derartig komplexen vertikalen Situation das Problem der kausalen Zurechnung überhaupt nicht lösen lassen"[48]. Eine Alleinverantwortung der Länder würde hier eine klarere und auch einfachere Evaluierung der Ergebnisse der Förderung ermöglichen.

Bisweilen wird die Ansicht vertreten, dass bei einem Verzicht auf die Gemeinschaftsaufgaben die regionalen Unterschiede immer größer würden, und daraus gefolgert, dass die Subventionierung durch den Bund eine Daueraufgabe darstelle. Ebenfalls ist in diesem Zusammenhang die Überlegung zu hören, gewisse Ungleichgewichte, die zur Zeit der „Erfindung" der Gemeinschaftsaufgabe vorgelegen haben mögen, seien zwar mit ihrer Hilfe beseitigt worden, andere ebenso gewichtige seien jedoch mittlerweile hinzugekommen. Dem liegt offenbar die Vorstellung zugrunde, über alle Wechselfälle des föderalen Lebens hinweg sei der Bund gehalten, in den Ländern gleiche Verhältnisse zu schaffen. Damit wäre aus einer im Grundansatz zeitlich begrenzt gedachten Mitwirkung und Finanzunterstützung des Bundes eine Art unbefristete Ergänzungszuweisung geworden und letztlich das subventionspolitische „perpetuum mobile" entdeckt worden. Dies lag zweifellos nicht in der Absicht des Gesetzgebers. Hätte hinter der Finanzreform von 1969 diese Motivation gesteckt, so hätte schon damals eine Aufstockung des allgemeinen Finanzausgleichs zulasten des Bundes die verträglichere Lösung geboten.

Nach Auffassung des BWV lässt sich die Grundfrage auf eine einfache Formel bringen: Entweder wird eine Gemeinschaftsaufgabe als Idealfall durch Zielerreichung in überschaubaren Zeitspannen überflüssig - oder aber

---

[48] Derlien in: „Verbesserung der finanzwirtschaftlichen und fachlichen Steuerung öffentlicher Maßnahmen durch Evaluierung?", 2. Thüringer Symposium am 13.09.95, Tagungsband S. 100/101, Schriftenreihe der Thüringer Ministerin für Bundesangelegenheiten in der Staatskanzlei, Band 2

sie erweist sich als dauerhafte Mitfinanzierung des Bundes, ist deshalb bedenklich und durch andere Verfahren zu ersetzen.

9.1.3.2 Inflexibles Instrumentarium

Die Gemeinschaftsaufgaben haben sich nicht als ein hinreichend flexibles Instrument im Sinne einer bedarfsgerechten und befristeten Förderung bestimmter Aufgaben der Länder erwiesen. Ihre „Dynamik" liegt darin, sich der Lebenswirklichkeit so anzupassen, dass auf Dauer ein Förderungsbedarf wegen immer wieder neu entdeckter vermeintlicher Defizite erhalten bleibt. Als eigentliche finanzielle Planungsgrößen verbleiben zur Zeit bei den Gemeinschaftsaufgaben nach Art. 91a GG jeweils nur der Finanzplafond des Bundes und die verschiedenen Länderschlüssel, nach denen die Mittel regional verteilt werden: Ersterer hat aber nicht die wirklichen Bedarfslagen der Länder zur Grundlage, sondern die allgemeinen finanz- und haushaltspolitischen Leitentscheidungen des Bundes. Letztere treffen im Kern generell-abstrakte Regelungen für eine möglichst konfliktfreie Verteilung; sie sind ebenfalls unabhängig von konkreten Notwendigkeiten bei den Empfängern, mögen auch gewisse Indikatoren einmal zu den beschlossenen Quoten geführt haben, die sogar gelegentlich fortgeschrieben werden.

Wesentlichen inhaltlichen und volumenmäßigen Einfluss auf die Ausgestaltung der Gemeinschaftsaufgaben hatte seit ihrer Einführung erstmals der Beitritt der neuen Länder im Jahre 1990. Es entstand der unmittelbare finanzielle Zwang, beispielsweise die Rahmenpläne für die Hochschulbauförderung, die bis dahin in der Regel nur Schritt für Schritt fortgeschrieben worden waren, umfassend zu ändern, und zwar in erster Linie zugunsten der neuen Länder. Die sich aus der vorgefundenen Haushaltssituation ergebende Notwendigkeit zur Reduzierung der Mittel für die alten Länder bei dort gleich bleibenden Bedarfslagen zeigt dreierlei auf: Erstens sind die Gemeinschaftsaufgaben durchaus nicht als nahezu unveränderliche Daueraufgaben anzusehen. Zweitens liegt der Verteilung der Mittel aus den Gemeinschaftsaufgaben keine wirkliche Bedarfsanalyse in den Ländern zugrunde. Drittens schließlich bedarf es offensichtlich eines säkularen Ereignisses wie der deutschen Wiedervereinigung, um überhaupt nennenswerte Änderungen in der Mischfinanzierung vornehmen zu können.

Wie statisch ohne äußere Veränderungen die Praxis bei den Gemeinschaftsaufgaben in den letzten Jahrzehnten gewesen ist, lässt sich an der Gemeinschaftsaufgabe „Hochschulbau" zeigen, bei der beispielsweise nicht erkennbar ist, dass ihre Dringlichkeit und Bedeutung seit der Einführung sich jemals verändert hätten. Eine solche Wandlung hätte sich aber vor allem in Anbetracht der hohen Aufwendungen der Vergangenheit für den Hochschulbau (Ausgaben 1970 bis 1995 insgesamt 70.314 Mio. DM, davon Bund 31.699 Mio. DM, Länder 38.615 Mio. DM[49]) ergeben müssen. Dadurch wurde der Versorgungsgrad im Hochschulbereich nämlich auf ein beachtliches Niveau angehoben[50]. Diese Entwicklung hatte die Bundesregierung bereits im Sommer 1980 mit der Feststellung kommentiert: „Mit der Ausweitung der Hochschulen ist ihre Ausstattung mit Personal, Gebäuden und Geräten erheblich verbessert und auch im internationalen Vergleich auf einen guten Stand gebracht worden"[51]. Anfang 1996 gab die Bundesregierung ebenfalls eine positive Einschätzung ab, als sie ausführte: „... die Zahl der Studienplätze ist proportional stärker gestiegen als die Zahl der Studierenden"[52]. Die im Vergleich zum Jahre 1969 erkennbar und anerkannt völlig veränderte Situation hat aber nicht etwa dazu geführt, die Gemeinschaftsaufgabe in den alten Ländern grundsätzlich zu überprüfen. Auch in der Literatur wird die Erforderlichkeit eines finanziellen Zusammenwirkens von Bund und Ländern unter Hinweis auf eingetretene Verbesserungen zunehmend in Frage gestellt[53]. Ebenso wie der Wissenschaftliche Beirat beim

---

[49] vgl. 26. Rahmenplan für den Hochschulbau 1997 - 2000, Allgem. Teil, Tabelle 10, S. 25

[50] vgl. 26. Rahmenplan, Allgem.Teil, Tz. 2.1 und Tabelle 1, S. 15 sowie Tz. 5.1

[51] Antwort der Bundesregierung auf die große Anfrage der Fraktionen von SPD und FDP zu Fragen zur Entwicklung des Hochschulbereichs, BT-Drs. 8/4459, S. 7

[52] Antwort der Bundesregierung auf eine kleine Anfrage der Fraktion von BÜNDNIS 90/DIE GRÜNEN zur Gemeinschaftsaufgabe Ausbau und Neubau von Hochschulen, BT-Drs. 13/4233, S. 3

[53] Vgl. Karl-Bräuer-Institut: Mischfinanzierungen, Schriftenreihe des Bundes der Steuerzahler, Heft 50, S. 24. Gutachten des Wissenschaftl. Beirats beim BMF zum Länderfinanzausgleich in der Bundesrepublik Deutschland vom 14.11.92, S. 107

BMF[54] verkennt der BWV nicht, dass Mischfinanzierungen grundsätzlich geeignet sein können, in extremen strukturellen Bedarfslagen gezielte Hilfestellung zu leisten. Eine solche Bedarfslage könnte z.B. noch in den neuen Ländern bestehen. Eine dauerhafte Förderung von Länderaufgaben ohne Vorliegen einer solchen (Ausnahme-)situation hält der BWV jedoch für sachfremd.

9.1.4 Gemeinschaftsaufgaben nach Art. 91b GG

Bei den Gemeinschaftsaufgaben nach Art. 91b GG hält der BWV grundlegende Änderungen für erforderlich, um die Mittelverwendung effektiver und effizienter zu gestalten. Bei den Hochschulprogrammen empfiehlt sich eine Trennung der Finanzierungszuständigkeiten durch Ausweisung von reinen Landes- und Bundesprogrammen und Verzicht auf anteilmäßige Finanzierungsmodelle. In der Forschungsförderung sollte eine weitestgehende Verringerung der institutionellen Förderung für die GFE und BLE geprüft werden. Der verbleibende Rest sollte bei den GFE ganz vom Bund, bei der BLE ganz vom jeweiligen Sitzland, ggf. von mehreren Ländern, übernommen werden.

Die Einzelheiten dazu werden in Tz. 13 dargestellt.

9.1.5 Finanzhilfen

Auf Grundlage von Art.104a Abs. 4 GG kann der Bund Finanzhilfen (nur) für solche besonders bedeutsame Investitionen der Länder und Gemeinden gewähren, die zur Abwehr einer Störung des gesamtwirtschaftlichen Gleichgewichtes, zum Ausgleich unterschiedlicher Wirtschaftskraft im Bundesgebiet oder zur Förderung wirtschaftlichen Wachstums erforderlich sind.

Da Finanzhilfen für originäre Länderaufgaben gewährt werden, kann insbesondere nicht von einem dauernden Erfordernis der Mitwirkung des Bundes ausgegangen werden. Vielmehr müssen Finanzhilfen aus dem Bundeshaushalt die Ausnahme bleiben und mit Erreichung der jeweiligen Ziele wieder zurückgeführt werden. Dass die Gewährung von Finanzhilfen auch aus

---

[54] A.a.O. (Fn. 53)

Bundessicht keine Daueraufgabe ist, wird z.B. an den getroffenen Entscheidungen deutlich, die Mittel für Städtebauförderung in den alten Ländern für das Jahr 1993 auszusetzen und diejenigen für Wohnungsbauförderung zu reduzieren. Mit Blick auf den Ausnahmecharakter der Finanzhilfen im bundesstaatlichen Finanzgefüge ist der Bund gehalten, fortlaufend zu prüfen, ob und falls ja in welchem Umfang seine Mitfinanzierung noch erforderlich ist. Eine dauernde gleich bleibende „Einmischung" des Bundes in Länderaufgaben widerspricht den Grundgedanken der Finanzverfassung und dem Prinzip der Subsidiarität.

In der Praxis erweist sich die Feststellung der Zielerreichung auch bei den Finanzhilfen als schwierig. Die in Art. 104a Abs. 4 GG genannten Förderziele sind so allgemein gehalten und inhaltlich so unbestimmt, dass ihre Eignung, die Finanzhilfen des Bundes auch unter Zuhilfenahme der Vorgaben des BVerfG in der Praxis auf das notwendige Bundesinteresse zu begrenzen, fraglich erscheint:

Bei der ersten Variante „Abwehr einer Störung des gesamtwirtschaftlichen Gleichgewichtes" muss es sich um konjunkturelle Störungen des gesamtwirtschaftlichen Gleichgewichtes handeln. Einer solchen Störung kann aber mit den vergleichsweise geringfügigen Finanzhilfen nach Art. 104a Abs. 4 GG von vornherein nicht wirkungsvoll abgeholfen werden. Eine derartige Begründung wäre auch deshalb nicht tragfähig, weil die Förderung bereits seit mehr als zwanzig Jahren regelmäßig gewährt wird, ohne dass eine entsprechend langwierige Konjunkturstörung behauptet werden könnte. Auch die z.B. vom BMVBW bezüglich der Finanzhilfen zur Wohnungsbau- und Städtebauförderung angeführten Anstoßwirkungen öffentlicher Fördermittel für private Investitionen führen zu keiner anderen Bewertung, da es hierfür ohne Belang ist, ob die staatlichen Investitionsmittel aus dem Bundeshaushalt oder aus den Länderhaushalten stammen.

Die zweite Zielsetzung „Ausgleich unterschiedlicher Wirtschaftskraft" kann auch keine dauerhaften Mischfinanzierungen zwischen Bund und Ländern begründen. Voneinander abweichende ökonomische Kennzahlen werden sich für bestimmte Regionen und/oder Branchensegmente des Bundesgebietes stets finden lassen, ohne dass dies zu unbefristeten Finanzhilfen führen darf.

Insbesondere die dritte Variante „Förderung wirtschaftlichen Wachstums" erweist sich als Auffangtatbestand mit einem nicht mehr eingrenzbaren Beurteilungsspielraum, da im Grunde jede Ausgabe für sinnvolle Investitionen das wirtschaftliche Wachstum definitionsgemäß erhöht. Aufgrund dieser Alternative könnte praktisch jede Finanzhilfe für Investitionen gerechtfertigt werden.

Auch die weitere Voraussetzung „besonders bedeutsamer Investitionen" ermöglicht keine klare Eingrenzung der Fördertatbestände, da es bereits als ausreichend erachtet wird , wenn - unbeschadet der Größenordnung - zumindest die Summe der geförderten Einzelmaßnahmen ein erhebliches Gewicht ergibt, wie dies z.B. im Bereich der Massensubventionierung im Wohnungsbau der Fall ist.

Der rechtliche Schluss auf eine „endgültige" Zielerreichung ist damit praktisch nicht möglich. Nahezu gesetzmäßig kann aus jeder irgendwann einmal auf Art. 104a Abs. 4 GG gestützten vorübergehenden Fördermaßnahme eine Dauer-Finanzhilfe des Bundes konstruiert werden. Finanzhilfen nach Art. 104a Abs. 4 GG müssen jedoch - wie anhand der Rechtsprechung des BVerfG oben dargestellt (siehe Tz. 2.5.2) - die inhaltlich wie zeitlich begrenzte Ausnahme bleiben. Es widerspricht dem Subsidiaritätsprinzip und den Grundgedanken der Finanzverfassung, wenn der Bund nahezu uneingeschränkt Finanzhilfen an die Länder geben kann und sich diese gleichsam zum Ersatz bzw. zur Umgehung des vorrangigen Finanzausgleichsverfahrens nach Art. 107 GG und der Aufteilung des Steueraufkommens nach Art. 106 GG entwickeln.

9.1.6 Verflechtungen mit EG-Programmen und -Mitteln

Die Mischfinanzierung zwischen Bund und Ländern kann nicht unabhängig von den Fördermaßnahmen der EG betrachtet werden:

Zwischen den EG-Programmen zur Strukturförderung und Kohäsion einerseits und den Gemeinschaftsaufgaben „Regionale Wirtschaftsstruktur" sowie „Agrarstruktur und Küstenschutz" andererseits besteht eine Vielzahl von Wechselwirkungen. Im Verhältnis zu den EG-Strukturfonds kommen den Gemeinschaftsaufgaben in ihrer gegenwärtigen Konstruktion koordinierende und konzentrierende Funktionen zu. So besteht für die nationale Strukturförderungspolitik über das Institut der Beihilfegenehmigung durch die Europäische Kommission gewissermaßen ein Zwang zur Konsensfindung. Im Gegenzug können über die Beihilfegenehmigung Mittel der EG-Strukturfonds zusätzlich zu den nationalen Mitteln schwerpunktmäßig für Ziele der Gemeinschaftsaufgaben eingesetzt werden.

Es muss allerdings deutlich gesehen werden, dass hierfür eine Mitfinanzierung im Sinne des Art. 91a GG nicht erforderlich wäre. Vielmehr könnten gegenüber der Europäischen Kommission Bund-Länder-Fachausschüsse die erforderliche Koordinierung herbeiführen. Der Bund könnte sich gegenüber der Europäischen Kommission auf eine „Mittlerfunktion" beschränken und inhaltliche Fragen der Subventionierung den zuständigen Landesministerien überlassen. Wenn ein Land bei Strukturförderungsmaßnahmen der EG auf Einbringung in die Gemeinschaftsaufgabe verzichtet, steht dem Bund ohnehin keine fachliche Mitsprache zu.

9.2   Einzelne Problemkreise

Insbesondere die finanziellen Verflechtungen bei den Mischfinanzierungen bergen Gefahren, die sich wie folgt kategorisieren lassen:

– Bürokratisierung und Kosten von Verfahren

– Verantwortlichkeit von Gebietskörperschaften und ihren Organen

– Fehlallokation von Ressourcen

– Budgetrecht der Parlamente

– Finanzkontrolle.

Die einzelnen negativen Elemente des Systems sind bei den verschiedenen Formen der Mischfinanzierung zwar unterschiedlich stark ausgeprägt, im

Grunde jedoch in jedem Bereich vorhanden.

9.2.1 Bürokratisierung und Kosten des Verwaltungsverfahrens

Seit der Einführung der Gemeinschaftsaufgaben und der Finanzhilfen durch die Finanzreform des Jahres 1969 ist eine erhebliche Entscheidungs- und Koordinierungsbürokratie mit hohen Verwaltungskosten bei Bund und Ländern entstanden. Darauf hatte der Wissenschaftliche Beirat beim BMF bereits im Jahre 1992 hingewiesen[55]. Diesen bürokratischen Aufwand hatte, bezogen auf die Gemeinschaftsaufgabe „Hochschulbau", auch der damalige Bundesminister für Bildung, Wissenschaft, Forschung und Technologie am 18.04.1996 im Plenum des Deutschen Bundestages angesprochen[56], ohne dass es jedoch seither in den dafür entscheidenden Bereichen des Abstimmungs-, Koordinierungs- und vor allem des Abrechnungsverfahrens zu wesentlichen Vereinfachungen gekommen wäre. Allein die „Verwaltung" der Gemeinschaftsaufgabe „Hochschulbau" verursacht derzeit z. B. im Bundesbereich jährliche Personal- und Sachkosten in Höhe von mehreren Millionen DM.

Insgesamt sind fünf Bundesministerien mit zahlreichen Referaten und Mitarbeitern an den Gemeinschaftsaufgaben und Finanzhilfen beteiligt. Hinzu kommen zahlreiche Bund/Länder-Gremien wie Wissenschaftsrat, Planungsausschüsse, DFG und ARGEBAU, die ebenfalls mitwirken. Auch in den Ländern befassen sich viele Stellen mit der Mischfinanzierung. Der Abstimmungs- und Koordinierungsbedarf ist erheblich, ohne dass ihm bezogen auf die Mitfinanzierungskomponente ein angemessener Nutzen gegenüber stünde. Zwar ist dieser Aufwand ganz wesentlich durch die derzeitige Verfassungslage veranlasst und insoweit von der Exekutive nicht ohne weiteres zu verringern. Dies entbindet jedoch nicht davon, die zugrunde liegenden Grundgesetzbestimmungen anhand der in mehr als 30 Jahren gemachten Erfahrungen kritisch zu hinterfragen.

---

[55] Vgl. Gutachten zum Länderfinanzausgleich in der Bundesrepublik Deutschland, erstattet vom Wissenschaftlichen Beirat beim BMF am 14.11.92

[56] Vgl. Plenarprotokoll Nr. 13/98 der Sitzung des Deutschen Bundestages am 18.04.96, S. 8690

9.2.2 Verantwortlichkeit von Gebietskörperschaften und deren Organen

Mit der Einführung der Mischfinanzierung ist eine mehr oder weniger stark ausgeprägte „Mitverantwortung" des Bundes beabsichtigt gewesen. In der Praxis ist ihr ein „nötigendes Element" eigen. Mit ihrem Mitteleinsatz kann nämlich eine Gebietskörperschaft (in der Regel der Bund) die Höhe des Mitteleinsatzes einer bzw. mehrerer anderer Gebietskörperschaften (in der Regel die Länder) faktisch nahezu erzwingen. Seitens des Bundes wird teilweise dieser Umstand geradezu als das herausragend positive Element der Mischfinanzierung beschrieben, da er so die Prioritätensetzung der Länder beeinflussen könne. Weitere Zwänge, die teilweise aufgrund bestehender Finanzierungsvereinbarungen bei den Ländern durch gemeinschaftliche Länderanteile entstehen, kommen hinzu. Dem steht entgegen, dass die Länder und der Bund in ihrer Haushaltswirtschaft grundsätzlich voneinander unabhängig sein sollen (Art. 109 Abs. 1 GG). Bei ihrer Prioritätensetzung im jeweiligen Haushalt sollen Regierung und Gesetzgeber einer Gebietskörperschaft im Grundsatz ungebunden sein.

Über die Finanzierungskomponente der Gemeinschaftsaufgaben und Finanzhilfen wird der Bund mitverantwortlich für originäre Länderaufgaben und kann so auch politisch für Sachverhalte „in Haftung" genommen werden, die er selbst kaum zu beeinflussen vermag. Umgekehrt geraten die Länder in die politische Verantwortung, wenn sie gewisse Maßnahmen durchführen müssen, um an Bundesmittel zu kommen, aber nicht vermitteln können, dass sie dabei rechtlichen oder faktischen Zwängen von außerhalb folgen. Moderne Verwaltungstheorien teilen die Absicht der Verfassungsänderung des Jahres 1969 und ihre mittlerweile gefundene praktische Ausrichtung nicht: Die geteilte Verantwortung wird nur zu leicht zur organisierten Nichtverantwortung. Die Staatsrechtslehrertagung 1998 hat diesen Befund wie folgt beschrieben: „Speziell im Bereich der Finanzverfassung zeigt sich ... die reduzierte Eigenstaatlichkeit der Länder in einem Verbundsystem der nivellierend-solidarischen Unverantwortung"[57].

---

[57] Zitat nach Schuppert, Verwaltungswissenschaft, 2000, S. 945

Charakteristisch für die Gemeinschaftsaufgaben sind die Finanzierungsschlüssel. Da die Festlegung dieser Anteile einen langwierigen Prozess der Konsensfindung erfordert, sind einmal getroffene Beschlüsse (z.B. der Planungsausschüsse) in der Praxis nicht mehr ohne weiteres änderbar. Jede Veränderung eines Ansatzes durch eine einzelne beteiligte Gebietskörperschaft erzwingt eine Veränderung der entsprechenden Haushaltsansätze aller anderen Landeshaushalte und ggf. des Bundeshaushalts. In Kenntnis dieses Sachverhalts werden auch die Haushaltsgesetzgeber den einmal ausgehandelten Haushaltsansatz als vorgegebene Größe hinnehmen. Letztlich treten die Länder über die Finanzierungskomponente der Gemeinschaftsaufgaben einen Teil ihrer Souveränität ab, ohne dass der Bund im Gegenzug die „Verantwortungslücke" wirklich füllen könnte. Auch die Überlegung, Bund und Länder würden sich ihrer jeweiligen Teilverantwortung stellen und damit insgesamt ihrer gemeinsamen Verpflichtung auf eine „bundesstaatliche Solidargemeinschaft" nachkommen, ändert daran nichts. Verantwortungsteilung führt notwendigerweise zu entsprechenden Verantwortungsgrenzen. Jüngere Vorgänge, so bei der Gemeinschaftsaufgabe „Hochschulbau", aber auch bei der Festlegung des Mittelansatzes im Haushaltsjahr 1998 für die Gemeinschaftsaufgabe „Regionale Wirtschaftsstruktur", haben gezeigt, dass gerade in Zeiten knapper Haushaltsmittel fast zwangsläufig ein „Schwarzer Peter" - Spiel zwischen Bund und Ländern entsteht.

Obwohl die Länder formal freier bei der Festlegung ihrer eigenen Mittel für bestimmte Aufgaben sind - sie können sowohl über die Komplementärmittel hinaus Mittel in ihren Haushalt einstellen als auch (theoretisch) auf Bundesmittel verzichten -, besteht für sie ein faktischer Zwang. Gegenüber den Komplementärmitteln des Bundes verringerte Ansätze oder Mittelabflüsse bedeuten einen Verzicht auf Bundesmittel. Umgekehrt werden die Länder immer bestrebt sein, auf einen hohen Plafond im Bundeshaushalt, auch unter Zuhilfenahme der „politischen Schiene", zu drängen, weil dies die eigenen Maßnahmen stark verbilligt.

Die Grundsätze der Subsidiarität, der klaren Verantwortlichkeiten, der Deregulierung und der Verwaltungsvereinfachung machen aus Sicht der BWV daher mittelfristig eine grundlegende Neuordnung des Fördersystems im Sinne einer „Flurbereinigung" erforderlich. Das eigentliche Ziel der Gemeinschaftsaufgaben wird nicht aufgrund mangelhafter praktischer Umsetzung, sondern wegen der Probleme einer gemeinsamen Finanzverantwortung von Bund und Ländern für ein und dieselben Aufgaben verfehlt. Dieser Mangel kann auch nicht durch den hohen Sachverstand und das erhebliche Engagement, das in den fachlich beteiligten Ministerien anzutreffen ist, hinreichend kompensiert werden.

9.2.3 Fehlallokation von Ressourcen und eingeschränkte Wirtschaftlichkeit

Der faktische Zwang für die Länder, an die jeweiligen Komplementärmittel des Bundes zu gelangen, wirkt sich nicht nur unter dem gerade angesprochenen Gesichtspunkt der Verantwortungsteilung nachteilig aus. Nachdem die Länder praktisch nicht umhinkönnen, sich an den mitfinanzierten Programmen zu beteiligen, um die Finanzmittel des Bundes nicht „verfallen" zu lassen, kann es geschehen, dass Aufgaben, denen sie an sich eine höhere Priorität zumessen würden, allein deshalb nicht in Angriff genommen werden. Bei Prioritätenentscheidungen schneiden daher Maßnahmen, die zu keinen „Einnahmen" in Form von Mittelzuweisungen von außen führen, notwendigerweise verhältnismäßig schlecht ab. Dies zeigt sich praktisch daran, dass beispielsweise die komplementären Landesmittel sofort zurückgehen, sobald der Bund seine Finanzhilfen mindert.

Andererseits ist es denkbar, dass die Länder bestimmte Projekte etwas großzügiger planen und ausführen als unabweisbar, gerade weil es dafür Komplementärmittel gibt und die Investitionen so unter dem Strich „nur die Hälfte kosten". Diese bei Mischfinanzierungen auftretende Verfälschung des Wirtschaftlichkeitsaspektes hinsichtlich des optimalen Ressourceneinsatzes stellt einen grundlegenden Schwachpunkt des Systems dar. Da die Länder nur über die Bereitstellung ihrer eigenen Mittel entscheiden, sind aus ihrer Sicht die Komplementärmittel des Bundes Einnahmen, obwohl alle Investitionen aus Steuermitteln oder Krediten der öffentlichen Hand finanziert werden. Die Einführung von Kostenrichtwerten im Rahmen der Gemeinschaftsaufgabe „Hochschulbau" (vgl. Tz. 3.3.1) mit dem Ziel, die Ausgaben der Länder für ihre Vorhaben nach oben zu begrenzen, zeigt, dass die Tendenz zur Großzügigkeit besteht und erkannt worden ist; würde nämlich bedarfsgerecht geplant und wirtschaftlich finanziert, so wäre eine solche Sicherung überflüssig.

Mit den genannten Wirkungen ist ein Subventionswettlauf zwischen den Ländern verbunden. Die Länder sind - aus ihrer Interessenlage heraus verständlich - versucht, einen möglichst großen Teil der bereitgestellten Komplementärmittel des Bundes zu erhalten. Schon aus „Prestigegründen" werden sie auf angemessene Anteile am „Verteilungskuchen" nicht verzichten wollen.

9.2.4 Budgetrecht der Parlamente

Einen wesentlichen Kritikpunkt am System der Mischfinanzierung bildete von Anfang an[58] die Tatsache, dass bei diesen Finanzierungsformen die Parlamentskontrolle de facto beschnitten wird.

Bei den Gemeinschaftsaufgaben garantiert Art. 91a Abs. 4 Satz 4 GG die Selbständigkeit und Unabhängigkeit der Parlamente bei der Haushaltsbewilligung ausdrücklich, so dass sie die von der Exekutive beschlossenen Mittelansätze jederzeit abändern oder sogar verweigern können; ihr Budgetrecht ist insoweit nicht tangiert. Auch die Finanzhilfen werden formal vom Deutschen Bundestag, die komplementären Landesmittel von den Volksvertretungen der Länder festgelegt. Tatsächlich sind der Entscheidungsfreiheit der Parlamente jedoch enge Grenzen gezogen[59]. Schon die Kommission für die Finanzreform (sog. Troeger-Kommission) ging davon aus, dass „die Macht der Verhältnisse ... groß genug sein" wird, um „die Parlamente zur Bewilligung der finanziellen Mittel für die Ausführung der Gemeinschaftsaufgaben zu veranlassen"[60].

---

[58] Vgl. Liesegang / Plöger, Schwächung der Parlamente durch den kooperativen Föderalismus?, in DÖV 1971, Heft 7.

[59] So auch: Karl-Bräuer-Institut des Bundes der Steuerzahler, Mischfinanzierungen, Darstellung, Kritik, Reformüberlegungen, Heft 50, S. 36 ff.

[60] Kommission für Finanzreform, Gutachten über die Finanzreform in der Bundesrepublik Deutschland, 1966, Tz. 160

Diese Annahme ist zwischenzeitlich durch die tatsächliche Entwicklung weitgehend bestätigt worden. Die Parlamente von Bund und Ländern können jeweils für sich den Eindruck gewinnen, mit einem Euro zum Wert von zwei oder mehr Euro „Gutes" tun zu können. Jeder Haushaltsgesetzgeber kann die Empfindung haben, mit seinem für sich betrachtet geringem Mitteleinsatz am Ende eine insgesamt unverhältnismäßig gewichtige Aufgabe finanziert zu haben, obwohl allein keiner von ihnen dieser eine entsprechende Bedeutung zugemessen hätte.

An den Entscheidungen der Exekutive werden von den Parlamenten daher in der Regel keine Änderungen mehr vorgenommen. Dafür ist eine Reihe von Gründen maßgeblich:

– Nach Abschluss der (Vor-)Entscheidungen der Exekutive sind zwar die Parlamente bei der Mittelbewilligung direkt beteiligt. Anhand der zur Verfügung gestellten Informationen ist es aber kaum möglich, die detaillierten und komplexen Planungen zu beurteilen, deren Hintergründe und Zusammenhänge nur schwer zu übersehen sind.

– Die Kontrolle durch die Parlamente wird auch dadurch eingeengt, dass die Planungen häufig nur durch zahlreiche Kompromisse zustande kommen. Würden die Parlamente Änderungen erzwingen, würde das labile Gleichgewicht gestört und das schwierige, zeitaufwendige und kostenträchtige Koordinationsverfahren zwischen Bund und Ländern müsste erneut in Gang gesetzt werden.

– Schließlich sind es auch finanzielle Interessen, die vor allem die Parlamente der Länder veranlassen, Projekte im Wege der Mischfinanzierungen zu bewilligen und keine Änderungen vorzunehmen, um die vom Bund bereitgestellten Komplementärmittel nicht „verfallen" zu lassen. Damit können die Länder faktisch einen Teil ihrer dezentralen Ressourcenverantwortung nicht mehr wahrnehmen.

9.2.5 Finanzkontrolle

Probleme sind in der Vergangenheit immer wieder bei der Prüfung der Gemeinschaftsaufgaben und Finanzhilfen durch die Rechnungshöfe aufgetreten. Einer wirksamen Finanzkontrolle kommt aber gerade in diesen Bereichen grundlegende Bedeutung zu, weil bei der Mischfinanzierung die einzelnen Ebenen Bund und Länder jeweils nur einen Teil der Ausgaben selbst tragen und daher die Bereitschaft zu einer großzügigeren Finanzierungspraxis zulasten der jeweils anderen Seite nur bedingt eingegrenzt werden kann.

Nach Art. 114 GG können die Prüfungsrechte des BRH nicht weiter gehen als die Rechte und Zuständigkeiten der Bundesregierung und der Bundesverwaltung[61] reichen. Bei den Gemeinschaftsaufgaben nach Art. 91a GG bedeutet dies beispielsweise, dass der BRH zwar die Rahmenplanung als solche prüfen kann, weil die Bundesregierung daran mitwirkt. Daneben steht dem BRH auch die Prüfung der Mittelhingabe durch die Bundesregierung zu. Die Erhebungsrechte und -pflichten des BRH umschließen noch die Abrechnungsunterlagen bei den zuständigen obersten Landesbehörden. Weitergehende Erhebungen oder Prüfungen durch den BRH sind allerdings derzeit praktisch nicht möglich. Da sich die Auswirkungen des Vollzugs der Rahmenpläne bzw. die Sinnhaftigkeit oder der Erfolg der Maßnahmen im Rahmen der Finanzhilfen nach Art. 104a Abs. 4 GG aus den Unterlagen der obersten Landesbehörden nicht oder nur unzureichend erkennen lassen, kann vom BRH nur eingeschränkt beurteilt werden, ob und inwieweit die Mitwirkung des Bundes sachgerecht war. Diese Gegebenheiten erschweren es ihm oder machen es gar unmöglich, Wirtschaftlichkeit und Ordnungsmäßigkeit des zweckgebundenen Mitteleinsatzes bei den Gemeinschaftsaufgaben oder bei den Finanzhilfen anhand konkreter Einzelfälle zu prüfen und mögliche Mängel darzustellen. Für die unabhängige Finanzkontrolle des Bundes sind prüfungsfreie Räume daher nicht auszuschließen.

Die zweckentsprechende Mittelverwendung im Einzelnen kann nur von den Landesrechnungshöfen geprüft werden, die dabei jedoch „aus einer anderen

---

[61] Vgl. Maunz, in Maunz-Dürig, Kommentar zum GG, Stand 1994, Rdnr. 65 zu Art. 91a und Schmidt-Bleibtreu-Klein, Kommentar zum GG, Rdnr. 12 zu Art. 114

Interessenlage heraus und mit unterschiedlicher Zielsetzung"[62] tätig werden. Es kann nicht erwartet werden, „dass die oberste Finanzkontrollbehörden eines Landes Prüfungsschwerpunkte unter besonderer Berücksichtigung der finanziellen Interessen des Bundes"[63] setzen. Es kann daher geschehen, dass Fehler und Versäumnisse bei der Ausführung, die zu Lasten des Bundes gehen, von den Landesrechnungshöfen nicht beanstandet werden. Auf diese Problematik hat der BRH schon mehrfach hingewiesen[64].

9.3 Allgemeine Schlussfolgerungen

9.3.1 Änderungen bei Art. 91a GG

Die Mischfinanzierung als eine zum Wesen der Gemeinschaftsaufgaben gehörende Komponente verursacht vielfältige Probleme. Ein mögliches Motiv der Fachdienste, über die Beschlüsse der Planungsausschüsse die mittelbeschaffenden Ressorts und die beteiligten Parlamente zu „binden", könnte unter gesamtstaatlichen und Demokratiegesichtspunkten nicht hingenommen werden. Auch aus den weiteren bereits dargelegten Gründen ist die Finanzierungskomponente eher kontraproduktiv einzuschätzen. Diese Auffassung deckt sich mit nahezu allen Äußerungen aus dem Wissenschafts- und Sachverständigenbereich.

Der BWV regt deshalb an zu prüfen, die Finanzierungskomponente der Gemeinschaftsaufgaben in ihrer bisherigen Form abzuschaffen. Einhergehend mit ihrem möglichen Wegfall wäre die Frage der erforderlichen Finanzausstattung der Länder anzusprechen. Die Gemeinschaftsaufgaben sind Länderaufgaben. Dabei gilt, dass eine aufgabenadäquate Finanzausstattung aller Gebietskörperschaften grundsätzlich über Art. 106 und/oder 107 GG zu regeln ist. Nur so können die Landesparlamente und -regierungen ihrem Verfassungsauftrag vollständig nachkommen. Sie sollen über die Haushaltsplanung und die Haushaltskontrolle die Prioritätenentscheidungen innerhalb ihrer verfassungsmäßigen Aufgaben allein zu treffen haben. Dies hätte auch

---

[62] Vgl. H. Schäfer, Finanzkontrolle im Bundesstaat, S. 459

[63] Ebenda

[64] Statt vieler Zitate vgl. vor allem: Bemerkungen des BRH 1978, BT-Drs. 9/38, Tzn. 17 ff.

den Vorteil, dass die Gemeinschaftsaufgaben dann im Wettbewerb zu allen anderen Länderaufgaben und -ausgaben stünden. Ein solcher Wettbewerb könnte Innovationen freisetzen und zu einem insgesamt bedarfsgerechteren Mitteleinsatz beitragen. Der Bund hätte bei diesem Verfahren - im Gegensatz zur Mittelverteilung mit Zweckbindung - zwar nicht mehr die Gewähr, dass bestimmte Mittel für eine bestimmte Aufgabe verwendet werden. Damit wäre aber aus Sicht des BWV insgesamt gesehen ein Gewinn verbunden, weil die Länder dann untereinander in einen Wettbewerb träten, der dafür sorgen würde, die Mittel auf die Bereiche zu konzentrieren, bei denen die beste Zweck-/Mittelrelation erreicht wird. Die Verantwortung läge zudem eindeutig und ungeteilt bei den Ländern, deren Regierungen und Parlamente sich der „Erfolgskontrolle" durch die Wähler zu stellen haben.

Die vom BWV für sinnvoll gehaltene Koordinierung bestimmter Maßnahmen in Bund und Ländern, wie sie derzeit dem Grunde nach im Rahmen der Gemeinschaftsaufgaben nach Art.91a GG angestrebt wird, sollte - in allerdings verbesserter und der föderalen Struktur angemessenerer Form - beibehalten werden. Der Nutzen bisher vorgenommener Abstimmungen im Rahmen der Gemeinschaftsaufgaben lässt sich nämlich nicht einheitlich positiv beurteilen. Die Verfahren werden von finanziellen Fragen überlagert, bei denen die vom Bund bereitzustellenden Komplementärmittel und deren Aufteilung auf die Länder sowie ggf. Maßnahmenpakete eine wesentliche Rolle spielen. So hat der BRH z. B. bei der Gemeinschaftsaufgabe „Hochschulbau" eine verwaltungsaufwendige „Scheinplanung" durch den Bund festgestellt[65]. Um gegenüber der EU möglichst mit einer einheitlichen Haltung auftreten zu können und damit der Durchsetzung nationaler Interessen größeren Nachdruck zu verleihen, ist eine Abstimmung aber durchaus sinnvoll. Eine umgestaltete Koordinierung muss allerdings nicht mehr alle bisherigen Elemente der Gemeinschaftsaufgaben umfassen, da die Länder auf der Grundlage ihrer größerer Ortsnähe vermehrt selbst zuständig sein

---

[65] Siehe Bemerkungen des BRH 1997, Tz. 73

sollten. Auch braucht allein wegen dieser Koordinierung nicht das Mischfinanzierungsmodell am Leben erhalten zu werden.

9.3.2 Entflechtung der Finanzierung bei Art. 91b GG

Der BWV empfiehlt, eine Entflechtung der bisherigen Mischfinanzierung im Rahmen des Art. 91b GG anzustreben. Dabei sollten Bundes- und Länderförderungen nach sachlichen Kriterien getrennt werden. Entscheidungsvorläufe würden so verringert und sachwidrige Zwänge vermieden. Vom Bund geförderte Programme oder Institutionen müssten einen eindeutig gesamtstaatlichen oder internationalen Charakter haben. Von einer solchen Trennung ist beispielsweise zu erwarten, dass sich die Anpassungsfähigkeit der bisherigen Förderinstrumente an bildungs- und forschungspolitische Notwendigkeiten verbessert und somit auch die Effizienz des Ressourceneinsatzes erhöht würde. Gleichzeitig würde der Verwaltungsaufwand verringert. Verfassungsrechtliche Hindernisse sieht der BWV nicht. Im Gegenteil würde der grundsätzlichen verfassungsmäßigen Aufgabenteilung zwischen Bund und Ländern besser entsprochen.

9.3.3 Nutzung des Art. 104a Abs. 4 GG

Die Finanzhilfen zur Städtebau- und Wohnungsbauförderung auf der Grundlage des Art. 104a Abs. 4 GG sollten aufgegeben werden, um den Ländern die Möglichkeit zu geben, diesen Teil ihrer originären Aufgaben eigenständig zu erledigen. Die bislang vom Bund zur Verfügung gestellten Mittel wären im Ergebnis dem allgemeinen Finanzausgleich zuzuführen, damit die Länder ihre landesspezifischen Prioritäten unabhängig von zweckgebundenen Komplementärmitteln des Bundes setzen können.

10 Besondere Bewertungen und Empfehlungen zur Gemeinschaftsaufgabe „Hochschulbau"

10.1 Erfolgskontrolle und Zielerreichung

Nach der Begründung zur Novelle des HBFG im Jahre 1996 war es das erklärte Ziel, die Hochschulbauförderung wieder auf ihre wesentlichen Aufgaben zu konzentrieren[66]. Einer derart motivierten Novellierung muss nach dem Verständnis des BWV eine Evaluierung der bisherigen Regelungen vorausgehen, mindestens aber eine Bewertung, ob sich die Mischfinanzierung als geeignetes Finanzierungsinstrumentarium erwiesen hat. Dies gilt vor allem, wenn man die bisherigen finanziellen Direkt-Leistungen des Bundes für den Hochschulbau (im Zeitraum von 1970 bis 2000 ca. 40 Mrd. DM) betrachtet. Soweit erkennbar, wurde jedoch auf eine grundsätzliche Diskussion über die Gemeinschaftsaufgabe auf der Grundlage der bisherigen Erfahrungen verzichtet. Auch das gesamte Verwaltungsverfahren einschließlich umfangreicher Abrechnungs- und Daten-Abgleich-Verfahren, die nicht als ministerielle Tätigkeiten anzusehen sind[67], wurde nicht entschieden hinterfragt.

10.2 Einfluss auf die Hochschulplanung

Das im Rahmen der Gemeinschaftsaufgabe „Hochschulbau" vorgesehene Verfahren der Mitplanung durch den Bund ist zwar aufwendig, aber in der Praxis wenig wirksam, da die derzeitigen Abläufe ihm keine greifbaren strategischen Mitentscheidungen sichern[68]. Da die Mitplanung des Bundes auf Baumaßnahmen und Großgerätebeschaffungen begrenzt ist, kann seitens des Bundes auf ausgewogene, moderne oder fachlich gebotene Lehr- und Forschungsinhalte kein Einfluss genommen werden. Damit kann das eigentliche Ziel, eine bedarfsgerechte Hochschulversorgung, die sich im wesent-

---

[66] Vgl. Begründung zum 2. Gesetz zur Änderung des HBFG, Allgemeiner Teil

[67] Als „ministerielle Tätigkeiten" sind insbesondere „Führungshilfe, Entscheidungsvorbereitung für die politische Spitze sowie Beobachtung und Planung samt den sich daraus ergebenden Führungstätigkeiten für die Verwaltung" anzusehen.

[68] Vgl. Maunz in Maunz-Dürig, Kommentar zum GG, Stand 1994, Rdn. 25 zu Art. 91a

lichen aus inhaltlichen Aspekten ergibt, von vornherein nicht erreicht werden. Zwar bestimmt der Bund über das finanzielle Volumen seiner Beteiligung an der Gemeinschaftsaufgabe über den Umfang und die Anzahl möglicher Vorhaben der Länder mit. Die Höhe der Mitfinanzierung und damit die Mitwirkung des Bundes wird jedoch weitestgehend unter Berücksichtigung seiner allgemeinen Leitlinien und Eckwerte zur Haushalts- und Finanzplanung ohne Bezug zu den von den Ländern oder vom Wissenschaftsrat im Hochschulbau als erforderlich angesehenen Maßnahmen festgelegt. Für den Bund spielen insoweit - auch nach Aussage des BMF - hochschulstrategische Gesichtspunkte keine Rolle.

Der Planungsausschuss folgt bei seinen Entscheidungen weitgehend den Empfehlungen des Wissenschaftsrates und passt dessen Vorschläge in einem rechnerischen Verfahren unter Vornahme pauschaler Kürzungen dem zur Verfügung stehenden Finanzvolumen an. Welche Maßnahmen von den Ländern angemeldet und letztlich aufgrund der ihnen zur Verfügung stehenden Mittel im Einzelnen durchgeführt werden, bestimmen diese in alleiniger Zuständigkeit.

Der Bund kann in dem gegenwärtigen, auf dem Anmelderecht der Länder beruhenden Verfahren einen systembedingten „Subventionswettlauf" nicht verhindern. Dieser wird weitgehend zugunsten derjenigen Länder entschieden, die aufgrund ihrer eigenen finanziellen Möglichkeiten eine Vielzahl von Vorhaben zur Gemeinschaftsaufgabe „Hochschulbau" anmelden und kofinanzieren können. Letztlich sind diejenigen Länder „Gewinner des Rennens", die der Unterstützung des Bundes am wenigsten bedürfen.

Die Durchsetzung neuer hochschulpolitischer Strategien und die Realisierung einer regionalen Studienplatzverteilung zur Herstellung einheitlicher Lebensverhältnisse i.S.d. Art. 91a GG scheitert auch daran, dass nach dem derzeitigen Stand der Entwicklung ein Großteil der Mittel des Hochschulbaus nicht mehr für Neubauten, sondern für Umbaumaßnahmen, Sanierungen und ähnliches eingesetzt wird. Ein weiteres Problem besteht darin, dass keine klare Trennung für Mittel im Bereich Hochschulkliniken nach Forschung und Grundversorgung vorhanden war. Die Realisierung strategischer Zielsetzungen und Konzepte kann von daher nur noch eine untergeordnete Rolle spielen. Insoweit erreicht die Mitplanung des Bundes nicht die Qualität und den Umfang, die ihr bei der Einführung der Gemeinschaftsaufgabe im Jahre 1969 zugedacht waren.

10.3 Empfehlungen

Auch das BMBF ist der Ansicht, dass die Gemeinschaftsaufgabe „Hochschulbau" grundsätzlich überdacht werden müsse, da es gute Gründe für eine Neubestimmung geben könne (Verwaltungsvereinfachung; struktureller Wandlungsprozess des Hochschulsystems, dem die Gemeinschaftsaufgabe in ihrer bisherigen Form nicht adäquat gerecht werde; Schaffung klarer Verantwortlichkeiten für Initiative, Erfolg oder Misserfolg in einem zunehmend wettbewerblich orientierten System). Es müsse allerdings offen bleiben, ob dies zum Ergebnis haben könne, die Gemeinschaftsaufgabe längerfristig abzuschaffen.

Der BWV regt aus den oben dargelegten allgemeinen (siehe Tz. 9) und besonderen (siehe Tz. 10.1 - 10.2) Erwägungen an, die Gemeinschaftsaufgabe „Hochschulbau" zu überdenken und ggf. einzustellen. Mit ihrer Abschaffung würden nicht nur die systembedingten Probleme der Mischfinanzierung allgemein und der gemeinsamen Hochschulbauförderung im Besonderen beseitigt, sondern auch erheblicher Verwaltungsaufwand in Bund und Ländern behoben. Für eine Abschaffung der Gemeinschaftsaufgabe spricht auch, dass dann die Entscheidungen über den Neubau- und Ausbau von Hochschulen mit den übrigen Hochschulangelegenheiten zusammengeführt würden, die den Ländern ohnehin als originäre Aufgaben obliegen.

Mit dem Wegfall der Gemeinschaftsaufgabe „Hochschulbau" ließe sich auch der gegenwärtige Subventionswettlauf zwischen den Ländern vermeiden oder zumindest verringern. Daraus dürften sich Mitteleinsparungen ergeben, da sich die Länder bei einer alleinigen Zuständigkeit und Verantwortung mehr als bisher um einen effektiveren und effizienteren Mitteleinsatz kümmern würden. Auch die Autonomie der Länder und die Rechte der Landesparlamente wären nicht mehr (siehe Tz. 9.2.2. und 9.2.4) negativ berührt.

11 Besondere Bewertungen und Empfehlungen zur Gemeinschaftsaufgabe „Regionale Wirtschaftstruktur"

11.1 Erfolgskontrolle und Zielerreichung

Schwerpunktmäßiges Zielgebiet der Gemeinschaftsaufgabe „Regionale Wirtschaftsstruktur" sind derzeit die neuen Länder. Gemessen am Finanzvolumen sind die Hilfen für die alten Länder dagegen eher marginal (weniger als 10 % der Gesamtfördermittel). Rund 60 % der Hilfen für die alten Länder sind zudem für nur zwei Länder (Nordrhein-Westfalen, Niedersachsen) bestimmt; zwei Länder (Baden-Württemberg, Hamburg) erhalten überhaupt keine Mittel. Ursprünglich für das alte Bundesgebiet konzipiert, ist die Gemeinschaftsaufgabe dort nur mehr von geringer Bedeutung. Der BWV sieht darin die Bestätigung seiner Auffassung, dass es sich um keine Daueraufgabe handelt. Er hat zudem den Eindruck gewonnen, dass die Förderung in den alten Ländern unabhängig von einem Nachweis ihrer Wirksamkeit nicht zuletzt aus der sachlich nicht tragfähigen Erwägung heraus fortgeführt wird, dass die Gemeinschaftsaufgabe als grundgesetzlich abgesichertes Institut erhalten bleiben soll.

Das BMWi führt den geringen Mittelansatz für die alten Länder nicht darauf zurück, dass keine Notwendigkeit für den Einsatz der Gemeinschaftsaufgabe in deren Problemregionen mehr bestünde. Vielmehr wäre er ausschließlich haushaltspolitisch bedingt. Dies bestätigt die Einschätzung des BWV, dass die Gemeinschaftsaufgabe nicht so sehr am Maßstab des in einzelnen Ländern nachgewiesenen Förderbedarfs ausgerichtet ist, sondern sich vielmehr an allgemeinen haushaltspolitischen Grundüberlegungen orientiert.

Wenn die Gemeinschaftsaufgabe definitionsgemäß der Förderung der regionalen Wirtschaftsstruktur dient, verliert sie jedenfalls dann ihre Berechtigung, wenn mit ihren Mitteln kein wesentlicher Beitrag zur Schaffung von Arbeitsplätzen mehr geleistet werden kann. Hinzu kommt, dass noch weitere Investitionsfördermöglichkeiten bestehen; z.B. ist es manchen Ländern möglich, unabhängig von der Gemeinschaftsaufgabe noch EFRE-Mittel zu erhalten (siehe Tz. 4.4). Die Förderung im Rahmen der Gemeinschaftsaufgabe stellt gegenüber dem EFRE und zinsvergünstigten Darlehen verschiedener öffentlichen Banken eine weitere Förderebene, teilweise mit Konkurrenzaspekten, dar. Es kommen noch Subventionsprogramme der Länder und Kommunen hinzu. Diese Überlagerungen machen eine sinnvolle Evaluation mit individueller Erfolgszurechnung nahezu unmöglich (vgl. Tz. 9.1.3.1).

11.2 Koordinierung von Bund und Ländern

Weil Maßnahmen der Gemeinschaftsaufgabe als Beihilfen im EG-rechtlichen Sinne von der Europäischen Kommission genehmigt werden müssen und im Interesse einer gesamtstaatlichen, nicht zu stark voneinander abweichenden Politik der Wirtschaftsförderung in den Ländern liegen, erscheint eine koordinierende Planung von Grundsätzen für die regionale Wirtschaftsförderung sinnvoll. Ein Diskussionsforum von Bund und Ländern kann dabei zur Bündelung von Erfahrungen und zur Ideenfindung beitragen.

Eine solche Koordinierung von Bund und Ländern ist jedoch von einer gemeinsamen Finanzierung sachlich unabhängig, da die Finanzierungskomponente der Gemeinschaftsaufgabe „Regionale Wirtschaftsstruktur" selbst nicht Teil der fachlichen Abstimmung ist. Faktisch binden die Finanzbeschlüsse der Planungsausschüsse jedoch die mittelbeschaffenden (Finanz-) Ressorts und die beteiligten Parlamente und enthalten damit ein „nötigendes Element". Solche Wirkungen sind aber unter gesamtstaatlichen und verfassungsrechtlichen Gesichtspunkten nicht hinnehmbar.

Insgesamt erkennt der BWV in der Finanzierungskomponente mehr Nachteile als Vorzüge (siehe auch Tz. 9.3). So verhindern die Kriterien der Rahmenplanung der Gemeinschaftsaufgabe z. B. nicht, dass auch Projekte gefördert werden, an deren Sinnhaftigkeit beim Bund oder bei anderen Ländern Zweifel bestehen. Vielmehr kann gerade die aus Sicht der jeweils beteiligten Gebietskörperschaften stets „nur" anteilige Finanzierung der Projektmittel auch solche Vorhaben begünstigen, die zweifelhaft sind und daher ansonsten oft unterblieben.

Sowohl auf Bundes- als auch auf Landesseite ließen sich durch den Wegfall der finanziellen Beteiligung des Bundes arbeitsaufwendige Verwaltungsvorgänge vermeiden und damit Personaleinsparungen erzielen. Hierzu gehören auch die Plausibilitätskontrollen bei den Bewilligungsbescheiden, die sich ggf. daraus ergebenden Klärungs- und Rückforderungsverfahren[69] sowie die statistische Erfassung durch das BAFA (siehe Tz. 4.3.2).

11.3 Empfehlungen

Die Gemeinschaftsaufgabe „Regionale Wirtschaftsstruktur" ist nach Auffassung des BWV zu überdenken und ihre weitere Beibehaltung kritisch zu prüfen, da ihre Nachteile in der gegenwärtigen Form die Vorteile überwiegen. Auf die entsprechenden Ausführungen zur Gemeinschaftsaufgabe „Hochschulbau" (siehe Tz. 10) kann insoweit verwiesen werden. Während dort aber - wie gezeigt - eine Mitplanung des Bundes überflüssig ist, da Investitionsentscheidungen für Hochschulbauten und -kliniken an sich noch keine Bildungs- oder Hochschulpolitik darstellen (für die der Bund überdies gar nicht zuständig wäre) betrachtet der BWV demgegenüber eine Koordinierung der Wirtschaftsförderung auch innerhalb des föderalen Staatsaufbaues als sinnvoll. Zudem sollte die Bundesregierung aus gesamtstaatlichen Gründen im Außenverhältnis zur Europäischen Kommission an der Koordinierung beteiligt werden.

Im Zusammenhang mit den Überlegungen zum Ändern und ggf. Abschaffen der Gemeinschaftsaufgabe in der derzeitigen Form regt der BWV an, die bisherige verbindliche Rahmenplanung von Bund und Ländern durch eine freiwillige Koordinierung zu ersetzen. Von einem Wegfall der Finanzierungskomponente der Gemeinschaftsaufgabe wäre zwar auch schon eine gewisse „Entkrampfung" und Versachlichung der Diskussion sowohl auf der politischen als auch auf der Arbeitsebene zu erwarten. Das Beibehalten der

---

[69] Dabei wird die derzeit - aus finanzieller Sicht - erfolgreiche Überprüfungspraxis (Vollzugskontrolle) des BMWi nicht verkannt. Der BWV geht von einer disziplinierenden Wirkung dieser Praxis aus in dem Sinn, dass Beanstandungsfälle abnehmen. Eine vollständige Eigenverantwortung der Länder für die eingesetzten Fördermittel kann auch größere Sorgfalt bei der Vergabe bewirken. Daneben bestehen die Kontrollen durch die EG (Europäische Kommission und Europäischer Rechnungshof).

bisherigen obligatorischen Planungskomponente würde jedoch die nötige Reform nur halbherzig vollziehen.

Das System der Gemeinschaftsaufgaben, das beide Komponenten auf mindestens zwei, in vielen Fällen noch auf weitere Beteiligte aufteilt, wird diesem Grundsatz besonders augenscheinlich nicht gerecht. Dem möglichen Argument, dass der Bund ohne seine Finanzbeteiligung keinen Einfluss auf die Länder ausüben könne, die Planungen auseinanderlaufen würden und keine Koordinierung möglich sei, ist entgegenzuhalten, dass den Ländern gerade aus dem Bestreben, eine eigene subsidiäre Strukturpolitik gegenüber der Europäischen Kommission durchzusetzen, an einer Koordinierungsfunktion durch gemeinsame Bund/Länder-Gremien und -Verfahren gelegen sein dürfte. Solche Bund/Länder-Konferenzen auf Leitungsebene - auch ohne finanzielle Komponente - bestehen auf anderen Gebieten bereits, so z. B. die Konferenz der Innenminister oder die der Kultusminister. Gerade der Umstand, dass keine Bundesmittel die Förderungen mehr verbilligen würden, zwänge die Länder aufgrund ihrer dann höheren - weil alleinigen - Finanzverantwortung dazu, Prioritäten sorgfältig zu setzen. In welcher konkreten Form die gemeinsame Koordinierung künftig zweckmäßigerweise geregelt werden sollte, kann hier offen bleiben.

12 Besondere Bewertungen und Empfehlungen zur Gemeinschaftsaufgabe „Agrarstruktur und Küstenschutz"

12.1 Erfolgskontrolle und Zielerreichung

Die Gemeinschaftsaufgabe „Agrarstruktur und Küstenschutz" ist, trotz erkennbarer regionaler Schwerpunktsetzung, nicht so auf die neuen Länder ausgerichtet wie die Gemeinschaftsaufgabe „Regionale Wirtschaftsstruktur" (siehe Tz. 4). In die Förderung sind alle Länder in nennenswertem Umfange einbezogen. Eine der Ursachen hierfür dürfte in ihrem sektoralen Zuschnitt liegen, aber auch in der Tatsache, dass zwar bei der Landwirtschaft zwischen alten und neuen Ländern strukturelle Unterschiede und Ungleichgewichte bestehen, diese aber hinsichtlich des Förderungsbedarfs weniger stark ausgeprägt sind als im Bereich der gewerblichen Wirtschaft.

Ein ähnlich eng gestecktes inhaltliches Ziel wie bei der Gemeinschaftsaufgabe „Regionale Wirtschaftsstruktur" ist bei der Gemeinschaftsaufgabe „Agrarstruktur und Küstenschutz" nicht zu erkennen. Ihre Förderziele sind, trotz einer gewissen Präferenz für die einzelbetriebliche Investitionsförderung, vielmehr sehr breit gestreut. Die Gemeinschaftsaufgabe umfasst abgesehen von ihrer Komponente Infrastrukturförderung wegen der überwiegenden Förderung bäuerlicher Familienbetriebe zwar eine größere Zahl von Förderfällen, dafür aber auch mehr solche mit jeweils relativ kleinerem Finanzvolumen als die Gemeinschaftsaufgabe „Regionale Wirtschaftsstruktur". In ihrer derzeitigen Ausgestaltung sieht der BWV bei der Gemeinschaftsaufgabe kein eindeutiges, nachprüfbar zu erreichendes Förderziel, das beispielsweise lauten könnte: „Der Grundbestand an marktfähigen bäuerlichen Betrieben ist gesichert". Der BWV verkennt dabei nicht, dass eine Erfolg versprechende Strukturpolitik nicht eindimensional betrieben werden kann. Auch komplexe Förderansätze sollten sich jedoch auf - ggf. mehrere - eindeutig erreichbare und insoweit nachprüfbare Ziele zurückführen lassen.

Zielerreichungs- und Wirkungskontrollen treffen vor dem Hintergrund mehrdeutiger Förderziele und gesplitteter Zuständigkeiten auf besonders große Schwierigkeiten. So hat der BWV den Eindruck, dass sich die Erfolgskontrolle bei der Gemeinschaftsaufgabe nahezu ausschließlich auf die Erstellung und Fortschreibung von Statistiken beschränkt.

Einzelne Komponenten der Gemeinschaftsaufgabe „Agrarstruktur und Küstenschutz" haben den Charakter von Dauersubventionen, bei denen kein Ende abzusehen ist (z. B. die Ausgleichszulage für die Förderung landwirtschaftlicher Betriebe in benachteiligten Gebieten sowie die Förderung von Leistungsprüfungen in der tierischen Erzeugung). Auch dies hängt nach Ansicht des BWV damit zusammen, dass die Gemeinschaftsaufgabe insgesamt kein eindeutiges und zeitlich wie inhaltlich erreichbares nationales Ziel hat, sondern nach Maßgabe des Haushaltsplafonds des Bundes und der Beihilfegenehmigungen durch die Europäische Kommission ausgeführt wird.

12.2 Überdenken der Gemeinschaftsaufgabe

Nach Auffassung des BWV ist die Gemeinschaftsaufgabe „Agrarstruktur und Küstenschutz" zu überdenken und insbesondere das gegenwärtige Finanzierungsverfahren aufzugeben. Es ist nicht erkennbar, dass die Mischfinanzierung bei der Subventionierung des Agrarsektors unter finanziellen Gesichtspunkten für alle Beteiligten mehr nachweisbare Vorteile bringt, als sie nicht auch eine alleinige Finanzierung durch die Länder - wenngleich auf der Basis erhöhter Anteile am allgemeinen Finanzausgleich - bewirken könnte.

Sowohl auf Bundes- als auch auf Landesseite könnten bei Wegfall der finanziellen Beteiligung des Bundes zahlreiche Verwaltungsvorgänge vermieden werden. Weiter könnten die Titelansätze in den Länderhaushalten ohne Rücksichtnahme auf die mittelfristige Finanzplanung des Bundes festgelegt werden, die ohnehin bei Korrekturen - wie in den letzten Haushalten geschehen - keine sichere Planungsgröße darstellt. Die während einer Programmperiode der EG-Strukturfonds zur Verfügung gestellten Mittel könnten leichter mit der Länderplanung verbunden werden. Das oft aufwendige Verfahren bei Änderungen des Rahmenplans und die überzogene Bürokratisierung des Verfahrens bei Einzelförderungen, wenn sich die Finanzdaten verändern, könnte ersatzlos entfallen. So sind derzeit bei Umschichtungen der Mittel zwischen einzelnen Maßnahmengruppen in einem Land Genehmigungsvorbehalte des Bundes und des Planungsausschusses zu beachten. Tatsächlich wird sich aber das antragstellende Land bei Fragen der Mittelverteilung auf die verschiedenen Förderziele immer durchsetzen können. Hierbei ist zu bedenken, dass zwar auf Förderungen im Rahmen der Gemeinschaftsaufgabe kein Rechtsanspruch besteht, der Antragseingang aber zu faktischen Zwängen führt. Der BWV sieht deshalb in den geltenden Genehmigungsvorbehalten kein sinnvolles Steuerungsinstrument. Fragen zur Ausgestaltung von Fördergrundsätzen führen oft zu erheblichem Aufwand in Form von Vorlagen, Sprechzetteln, Stellungnahmen und Gegenstellungnahmen. Der BWV ist auch hier der Auffassung, dass bei Wegfall der Finanzierungskomponente eine wesentliche Entbürokratisierung eintreten würde.

Eine gemeinsame Planung und sonstige Koordinierung agrarstruktureller Fördermaßnahmen durch Bund und Länder, die zudem Förderungsgrundsätze beinhaltet, hält der BWV demgegenüber für sinnvoll. Dies gilt einmal aufgrund des Erfordernisses, Maßnahmen der Gemeinschaftsaufgabe als Beihilfen im EG-rechtlichen Sinn von der Europäischen Kommission genehmigen zu lassen, zum anderen aber auch im Interesse einer gesamtstaatlichen, nicht zu stark voneinander abweichenden Politik der Agrarstrukturförderung in den Ländern. Ein Diskussionsforum von Bund und Ländern kann zur Bündelung von Erfahrungen und zur Ideenfindung beitragen. Bei Meinungsverschiedenheiten zwischen der Europäischen Kommission und den Ländern kommt einer gesamtstaatlichen Beschlusslage zudem mehr Gewicht zu. Dazu ist aber - selbst in institutionalisierter Form - keine gemeinsame Finanzierung, insbesondere als Gemeinschaftsaufgabe nötig. Vielmehr kann auch insoweit auf die Vorbilder der schon mehrfach angesprochenen Gremien und Verfahren des kooperativen Föderalismus abgestellt werden (vgl. Tz. 9.3.1).

Das BMVEL hält es zwar für nicht vorstellbar, diese auch aus seiner Sicht wesentlichen Funktionen der Gemeinschaftsaufgabe ohne Mischfinanzierung zu gewährleisten. Die Länder würden sich kaum einer koordinierenden Steuerung durch den Bund unterwerfen, wenn dieser nicht mehr in der Lage wäre, mit dem Instrument der Kofinanzierung den notwendigen Einigungszwang auszuüben. Aus Sicht der Länder gäbe es dann keinen Grund mehr, sich einem Verfahren der gemeinsamen Rahmenplanung unter der Führung des Bundes zu unterwerfen. Gerade diese Argumentation belegt aber aus Sicht des BWV, dass die Länder mit Hilfe der derzeitigen Finanzierungskomponente der Gemeinschaftsaufgabe zu einer Koordination und Planung genötigt werden, die sie aus ihrer eigenen fachlichen Sicht in dieser Form freiwillig nicht vornehmen würden. Umgekehrt erscheint es jedoch realitätsfern, den Ländern zu unterstellen, sie würden eine nach ihrer Meinung erforderliche Abstimmung künftig vernachlässigen, wenn der Bund sie nicht mehr dazu „zwänge". Dies geht von einer paternalistischen Grundhaltung des Bundes gegenüber den Ländern aus, die den tatsächlichen Verhältnissen nicht angemessen ist. Sollte der Wegfall der Gemeinschaftsaufgabe jedoch wider Erwarten zu Unzuträglichkeiten führen und die Notwendigkeit entstehen, im gesamtstaatlichen Interesse eine bundesweit verpflichtende Regelung zu schaffen, wäre selbst dies möglich. Der Bund hat nach Art. 74 Abs. 1 Nr. 17, Art. 72 Abs. 2 GG nämlich eine konkurrierende Gesetzgebungskompetenz für die Agrarwirtschaft und den Küstenschutz, aufgrund derer er den Ländern bestimmte materielle und verfahrensmäßige Vorgaben machen könnte.

13 Besondere Bewertungen und Empfehlungen zu den Gemeinschaftsaufgaben „Bildungsplanung" und „Forschungsförderung"

13.1 Allgemeines

Generell ist für eine Beteiligung des Bundes an Maßnahmen der Bildungsplanung i. S. d. Art. 91b GG ein überragendes gesamtstaatliches Interesse zu fordern, das sich jeweils auch in einer Beteiligung der überwiegenden Anzahl der Länder dokumentieren müsste. Ein koordiniertes Vorgehen im Bereich zukünftiger Bildungsmaßnahmen und -strukturen auf der Basis länderübergreifender Modellversuche erscheint gerade in der heutigen Situation sinnvoll. Für eine Abschaffung der Gemeinschaftsaufgabe „Bildungsplanung" sieht der BWV insoweit keinen Anlass. Das finanzielle Volumen dieser Mischfinanzierung liegt mit ca. 120 Mio. DM für die Jahre 1998 bis 2004 außerdem nicht in einer Größenordnung, die das Finanzsystem im Bund/Länder-Verhältnis nachhaltig stören würde.

Da im Grundgesetz ansonsten nicht ausdrücklich als Bundeskompetenz genannt, ist die Forschungsförderung grundsätzlich Länderaufgabe. Abgesehen von einigen in Einzelfällen gegebenen ungeschriebenen Zuständigkeiten (z. B. Groß - und Ressortforschung) ist die allgemeine Forschungsförderung durch den Bund somit nur über Art. 91b GG möglich. Dessen Tatbestandsvoraussetzung „überregionale Bedeutung" ist jedoch sehr weit gefasst. Im strengen Wortsinn sind nur wenige Forschungsfelder vorstellbar, denen ausschließlich regionale Bedeutung zukommt. Selbst die in den Hochschulen betriebene öffentlich finanzierte Forschung hat ganz überwiegend überregionale, oft sogar internationale Bedeutung. Der Bund sollte sich deshalb an einer solchen „überregionalen" Forschung nur dann beteiligen, wenn weitere Komponenten hinzutreten, die ein stärkeres Engagement sachlich geboten erscheinen lassen. Diese Komponenten könnten sein:

– besonders aufwendiges Gerät mit hoher Finanzmittelbindung

– sonstiger besonders großer Aufwand

– unmittelbarer internationaler Bezug, z.B. Polarforschung oder Auslandsprogramme.

Damit wären einer Bundesbeteiligung an der Forschungsförderung von der Sache her engere Grenzen gezogen.

13.2 Hochschulprogramme

13.2.1 Vorliegen eines Bundesinteresses

Die zahlreichen gemeinsam von Bund und Ländern nach Art. 91b GG geförderten Projekte nach den Hochschulprogrammen sind vielgestaltig und teilweise schwer voneinander abgrenzbar. Ein eindeutiges Bundesinteresse ist bei einer Vielzahl von Förderungen nicht zu erkennen. So ist augenfällig, dass z.B. die Einrichtung von Tutorien oder die Ausstattung von Hochschulbibliotheken[70] keine Bundesaufgaben gewesen sein können.

Der Bund sollte sich auf eindeutig länderübergreifende Aufgaben und solche mit starkem internationalen Bezug beschränken. Infrage kommen hierfür im nationalen Bereich insbesondere bestimmte Leitprojekte mit Anstoßwirkung. Ausgehend von den Maßnahmen, die von der BLK für den Zeitraum ab 2001 beschlossen wurden, sieht der BWV beispielsweise auch die Förderung transnationaler Hochschulprojekte als für die Finanzierung durch den Bund geeignet an. Der BWV begrüßt das Bestreben des BMBF, nach Auslaufen des HSP III die Förderprogramme insgesamt zu straffen und auf Aufgaben mit starkem gesamtstaatlichen und internationalen Bezug zu beschränken. Der eingeschlagene Weg zu einer „Flurbereinigung" sollte weiterbeschritten werden.

13.2.2 Trennung der Finanzierungszuständigkeiten

Die gemeinsame Finanzierung von Hochschulprogrammen durch Bund und Länder in ihrer hergebrachten Form wirft zahlreiche Probleme auf. Der BWV empfiehlt wegen der bereits beschriebenen Nachteile ein grundsätzli-

---

[70] Nach dem Bibliothekserneuerungsprogramm; gemeint ist hier nicht die Erstausstattung von Bibliotheken nach Art. 91a GG, die allerdings auch als reine Länderaufgabe anzusehen ist.

ches Abrücken von anteilmäßigen Finanzierungsmodellen bei der Forschungsförderung. Die Trennung der Finanzierungszuständigkeiten von Bund und Ländern sollte bei den Hochschulprogrammen nach einer entsprechenden Modifikation des Regelwerkes durch Ausweisung von reinen Bundes- und Landesprogrammen realisiert werden. Einzelne Programme mit internationalem Bezug über die Projektträger DAAD und Alexander-von-Humboldt-Stiftung werden ohnehin bereits allein vom Bund finanziert.

Für eine weiterhin gemeinsame Förderung durch Bund und Länder kämen in erster Linie solche Programme in Betracht, bei denen über die Beteiligung interessierter Hochschulen durch ein Wettbewerbsverfahren im Wege einer Ausschreibung entschieden wird. Ein Bund-Länder-Expertenkreis könnte die Bewertung solcher Anträge vornehmen und auch Einzelheiten der Berichtspflichten festlegen. Der Bund wäre so in die Lage versetzt, einzelne als besonders wichtig erachtete Maßnahmen zu Strukturverbesserungen gezielt anzustoßen. Die Einzelmaßnahmen sollten dabei keine zusätzlichen Komplementäraufwendungen der Länder erforderlich machen, die nicht mit den vorhandenen „Bordmitteln" der Hochschulen geleistet werden können.

Es wäre auch vorstellbar, dass der Bund zwar einerseits nicht alle von der BLK beschlossenen Maßnahmen mitfinanziert, andererseits aber im Einzelfall die über die zusätzlichen Komplementäraufwendungen hinausgehenden Projektausgaben allein trägt. Der Bund und die beteiligten Länder würden so bei der Festlegung ihrer jeweiligen Haushaltsansätze voneinander unabhängiger. Einen Verstoß gegen die Bestimmung des Art. 91b Satz 2 GG sieht der BWV hierbei nicht, da weiterhin eine Kostenteilung - allerdings nicht auf einzelne Projekte bezogen - vorläge. Die zusätzlichen allgemeinen Kosten, die durch die Zurverfügungstellung von Räumlichkeiten, Infrastruktur, Stammpersonal u.ä. entstehen, wären in jedem Fall vom Land zu tragen. Die Kostenteilung würde jedoch nach sachlichen Abgrenzungen, nicht nach Prozentsätzen, vorgenommen.

13.3 Forschungsförderung

13.3.1 Allgemeines

Bund und Länder fördern eine Vielzahl von größeren und kleineren Wissenschaftsorganisationen verschiedener Ausprägungen. Der überwiegende Teil dieser Forschungseinrichtungen finanziert sich primär über institutionelle Zuwendungen. Insbesondere den GFE und den BLE fehlt ein klares Profil, das gegenüber den Instituten der MPG und der FhG sowie den Hochschulen eine fachliche Abgrenzung ermöglichen würde. Die gemeinsame Finanzierung der institutionellen Förderung von GFE und BLE durch Bund und Länder begünstigt institutionelle Verfestigungen, mangelnde inhaltliche Flexibilität und Tendenzen zur Abschottung. Zwar werden solche Erscheinungen zunehmend auch bei einzelnen Lehrstühlen verschiedener Universitäten beklagt, obwohl die Dynamik in der Entwicklung neuer Wissensgebiete und Technologien eine besonders rasche Anpassung erfordern würde. Umso mehr sollten deshalb jedoch außeruniversitäre Forschungseinrichtungen, die interdisziplinäre Forschung als ihre Systemstärke ansehen, nicht zu fest gefügten organisatorischen Einheiten erstarren, sondern sich zu Kompetenzzentren entwickeln.

13.3.2 Großforschungseinrichtungen

13.3.2.1 Flexibilisierung der Forschung

Die in Gutachten und Studien getroffenen Bewertungen der GFE erhärten die aus der Entwicklung der einzelnen Einrichtungen ableitbare Vermutung mangelnder Anpassungsfähigkeit. Diese Tendenz wird durch die institutionelle Förderung, die den größten Anteil der Einnahmen darstellt, begünstigt. Sie wird weiter verstärkt durch den Umstand, dass dem Forschungsbereich insgesamt über die politische Prioritätensetzung durch die Exekutive und den Haushaltsgesetzgeber ein relativ gesicherter Finanzplafond vorgegeben ist.

Besonders deutlich zeigen sich die institutionellen Beharrungskräfte bei den größten Forschungszentren: An die Stelle der nur mehr rudimentär vorhandenen ursprünglichen Aufgabenstellung ist ein breites Spektrum verschiedenster Forschungsfelder getreten. Es ist kaum vorstellbar, wie mit einem sehr großen - zum überwiegenden Teil nach den Tarifregelungen des öffentlichen Dienstes fest angestellten - Personalkörper hinreichend schnell auf die raschen Veränderungen der Forschungsschwerpunkte reagiert werden kann. Eine projektgebundene Steuerung der gesamten Wissenschaftslandschaft, die nicht mehr in erster Linie die Einrichtungen fördern würde, könnte die gewünschte Personalfluktuation im Wissenschaftsbereich vergrößern. Zudem wäre eine nahezu ausschließliche Steuerung über Projekte geeigneter, den Einsatz der vorhandenen Haushaltsmittel zu optimieren.

Die organisatorische Form der GFE erscheint einer Optimierung der Forschungslandschaft eher hinderlich. Es wäre beispielsweise zu bedenken, dass die Rechtsform der beiden großen Forschungszentren Jülich und Karlsruhe einer zentralen Projektverantwortung und Steuerung im Wege stehen könnte. So könnte ein Zielkonflikt zwischen den gesellschaftsrechtlichen Aufgaben der Geschäftsführung beider GmbHen und den Projektzielen entstehen. Auch dieser Aspekt mag außeruniversitäre heterogene Forschungseinrichtungen fragwürdig erscheinen lassen.

13.3.2.2 Änderung der Finanzierungsform

Die GFE bilden insgesamt ein zu starres System, das nicht flexibel genug auf wechselnde Anforderungen reagiert und deshalb insbesondere seine finanziellen Ressourcen nicht optimal nutzt. Diese Feststellung, die aus der oben geschilderten Entwicklung der Einrichtungen und den verschiedenen Evaluierungen ableitbar ist, schmälert die einzelnen hervorragenden wissenschaftlichen Leistungen der GFE nicht. Der BWV sieht aber in der hohen institutionellen Bestandssicherung und in dem breiten Forschungsspektrum gerade der größten Einrichtungen die entscheidenden Hindernisse für ihre bedarfsgerechte Entwicklung. Tendenziell sollte die institutionelle Förderung zugunsten von Projektförderungen zurückgeführt werden. Sie sollte nur in dem Umfang gewährt werden, als sie zur Sicherung einer noch ergebnisoffenen Forschung mit „langem Atem" notwendig ist.

Die Projektförderungen sollten überwiegend im Wettbewerbsverfahren vergeben werden, um dadurch die Bildung von Kompetenzzentren zu fördern. Einrichtungen mit wenig klarem Profil würden durch wettbewerbliche Elemente gezwungen, sich auf wenige nachgefragte Kernkompetenzen zu konzentrieren. Insofern könnten sie sich bei einer wettbewerblichen Vergabe von Forschungsprojekten möglicherweise nicht mehr so leicht gegen kleinere schlagkräftige Einrichtungen durchsetzen.

Die sich „erstarrend" auswirkende institutionelle Förderung wird durch die Art ihrer zwischen dem Bund und den jeweiligen Sitz-Ländern vereinbarten Aufteilung noch weiter verfestigt. In der Praxis bewirkt der einmal festgelegte Finanzierungsschlüssel zusätzliche gegenseitige Abhängigkeiten mit der Folge noch mehr erschwerter Veränderbarkeit. Eine drastische Verringerung der institutionellen Förderung der GFE bei gleichzeitiger Aufgabe ihrer Splittung in einen Bundes- und einen Länderanteil wäre daher die Voraussetzung für hinreichend schnelle Veränderungen der Forschungsorganisationen in Anpassung an die wissenschaftlichen Notwendigkeiten.

Der BWV empfiehlt, zur Entflechtung der Finanzierung in Einzelverhandlungen mit den jeweiligen Sitzländern der GFE eine vollständige Übernahme der noch verbleibenden institutionellen Förderung durch den Bund anzustreben. Er ist sich dabei bewusst - der typische Verlauf von Wirtschaftsplanverhandlungen einzelner GFE deutet zudem darauf hin -, dass den Ländern eine Entlastung in diesem Bereich zur Zeit kein echtes Anliegen ist. Das zunächst verständliche Bestreben der Länder, über eine vergleichsweise geringe Mitfinanzierung den Erhalt von GFE „vor der Haustür" zu sichern und damit eine große Anzahl hochwertiger Arbeitsplätze „im Land" zu halten, darf aber einer größeren Beweglichkeit nicht im Wege stehen. Da die vom BWV als notwendig erachtete verstärkte Projektsteuerung ohnehin eine Verringerung der institutionellen Finanzierung erzwingen würde, verlöre letztere zwangsläufig an Bedeutung. Eine Zusammenarbeit zwischen den GFE und insbesondere den Hochschulen der jeweiligen Sitzländer kann bei einer vollständigen Bundesfinanzierung nicht nur beibehalten, sondern durch gemeinsame Projekte sogar noch verstärkt werden.

Rechtliche Hindernisse sieht der BWV bei einer dazu notwendigen Kündigung der bisherigen Finanzierungsvereinbarungen zwischen dem Bund und den Sitzländern nicht, da die sog. Großforschung, auf die sich die GFE zu konzentrieren haben, ohnehin als ungeschriebene Bundesaufgabe gelten kann. Art. 91b GG wäre insoweit als Begründung für die Finanzierung der GFE durch den Bund nicht einschlägig.

Eine zusätzliche finanzielle Belastung des Bundes würde sich im Endergebnis aus der Übernahme der bisherigen Länderanteile (insgesamt rd. 300 Mio. DM jährlich) nicht zwingend ergeben. Mit einer Übernahme anderer außeruniversitärer Forschungseinrichtungen, die heute hälftig vom Bund institutionell finanziert werden (z.b. BLE - siehe dazu Tz. 13.3.3), könnte von den Ländern ein finanzieller Ausgleich geschaffen werden.

13.3.3 Blaue-Liste-Einrichtungen

13.3.3.1 Flexibilisierung der Forschung

Die Finanzierung der institutionellen Förderung der BLE gestaltet sich außerordentlich kompliziert. Allein die Festlegung der einzelnen Länderanteile bei jeder Einrichtung ist aufwendig. Das derzeitige Finanzierungsverfahren steht nicht im Einklang mit dem sowohl vom Bund als auch von allen Ländern angestrebten Ziel der Verwaltungsvereinfachung. Der schwerwiegendste Nachteil der Finanzierungsverflechtungen der geltenden Vereinbarungen zur Forschungsförderung ist nach Auffassung des BWV die daraus resultierende Schwerfälligkeit des Systems auch unter inhaltlichen Aspekten. Selbst bei im Verhältnis zur gesamten Forschungsförderung geringfügigen Veränderungen sind jeweils 17 Gebietskörperschaften - 16 Bundesländer und der Bund - finanziell betroffen. Ohne einen Nachweis im Einzelnen führen zu können - der BWV müsste sonst exemplarische Einzelevaluierungen durchführen - stellt er, wie bei den GFE, eine systembedingte Gefahr der Überwucherung forschungspolitischer Notwendigkeiten durch Beharrungskräfte mit dem Ziel der (Selbst-) Erhaltung einzelner Institutionen fest. Diese Tendenz muss nahezu zwangsläufig zu einem weniger wirksamen Mitteleinsatz führen.

13.3.3.2 Änderung der Finanzierungsform

Da es sich bei den BLE in den alten Ländern ursprünglich um originäre Ländereinrichtungen handelte und sie bis heute in deren Forschungslandschaft integriert sind - auch der Wissenschaftsrat weist auf diese regionale Einbindung hin - sollte ihre vollständige Übernahme durch das jeweilige Sitzland angestrebt werden. Nur das Sitzland ist zudem in der Lage, im Weiteren eine Rückführung der Aufgaben von BLE in den Hochschulbereich zu betreiben.

Einen ersten Schritt in Richtung auf eine finanzielle Entflechtung hat das BMBF durch die Form der pauschalen Mittelzuweisung an die Länder bereits vollzogen. Diese Entwicklung sollte weitergeführt werden, um zu einer vollständigen Entflechtung des Finanzierungsverfahrens zu kommen. Es erscheint dabei zweckmäßig, mit der vollen Übernahme der Finanzierung der BLE durch das jeweilige Sitzland zum teilweise finanziellen Ausgleich die Übernahme der vollen institutionellen Finanzierung der GFE durch den Bund (siehe dazu Tz. 13.2.3.2) zu verbinden. Nicht in allen Ländern käme es damit allerdings zu einer vollen finanziellen Kompensation. Da in den neuen Ländern eine besonders starke Disparität zwischen GFE und BLE besteht, sollte hier durch entsprechende Maßnahmen der Projektförderung zumindest zeitlich befristet ein Ausgleich vorgesehen werden. Das Ziel sollte jedoch die Übernahme der vollen Finanzierung durch das Sitzland sein.

Bei der Überführung der BLE auf die Länder würde man auf zwei wesentliche Probleme stoßen: Eine finanzielle Parität zwischen GFE und BLE in den einzelnen Ländern ist unter Berücksichtigung der jeweils verschiedenen Finanzierungsanteile von Bund und Ländern i.d.R. nicht gegeben. Zudem ist zu berücksichtigen, dass der Länderanteil der BLE nicht nur aus dem Sitzlandanteil besteht. Das zweite Hindernis liegt in dem Umstand, dass zwar bei den GFE nur ein bilaterales vertragliches Verhältnis zwischen dem Bund und dem Sitzland besteht, die Finanzierungsregelungen für die BLE jedoch in einer mehrseitigen Vereinbarung zwischen dem Bund und allen Ländern festgelegt sind. Da aber gerade die Komplexität der vereinbarten Bund-Länder-Beziehungen Reformen erschwert, empfiehlt sich ein „Durchschlagen des gordischen Knotens" mittels einer vollständig neuen Regelung.

Im Weiteren bliebe es den Ländern überlassen, eine gemeinsame Finanzierung durch alle Länder beizubehalten, BLE nur noch durch das Sitzland zu fördern, die Einrichtungen in eine Hochschule einzugliedern oder auch ganz aufzulösen. Natürlich wäre es den Einrichtungen auch unbenommen, sich durch Einwerbung von Forschungsaufträgen überwiegend aus Projektmitteln zu finanzieren und so ihren Fortbestand zu sichern. So könnte die institutionelle Förderung der Wirtschaftsforschungsinstitute in den BLE durch Projektförderung und Finanzierung durch Vermarktung der Forschungsprodukte und Gutachten an Dritte und die öffentliche Hand abgelöst werden. Im Ergebnis würde das dazu führen, dass neben privaten Interessenten auch die Fachressorts der Gebietskörperschaften sich die gewünschten Gutachten „einkaufen" müssten. Im Einzelfall wäre dazu eine Änderung der Rechtsform der Einrichtung erforderlich. Der BWV geht davon aus, dass diese Umstellung der Finanzierung auf eine mehr wettbewerbliche Regelung zu einer Konzentration auf die Kernkompetenzen führen würde.

Als Übergangslösung wäre auch denkbar, geeignete BLE über einen strikt begrenzten Zeitraum - zu denken ist an fünf Jahre - in einer „Qualifizierungsgruppe" für die Aufnahme in die MPG oder in die FhG zusammenzufassen und institutionell zu fördern. Nach Ablauf der gesetzten Frist wäre über eine Aufnahme zu entscheiden.

14 Besondere Bewertungen und Empfehlungen zu den Finanzhilfen „Städtebauförderung" und „Wohnungsbauförderung"

14.1 Allgemeines

Bezüglich der Gemeinschaftsaufgaben nach Art. 91a und Art. 91b GG hat der BWV bereits im Einzelnen auf die grundsätzlichen Probleme und Schwachpunkte von Mischfinanzierungen hingewiesen. Eine vergleichbare Ausgangslage ist gegeben, wenn sich der Bund durch Finanzhilfen an der Finanzierung von Aufgaben beteiligt, für die die Länder nach Art. 30 und Art. 83ff. GG die alleinige Verwaltungskompetenz haben. Gemeinschaftsaufgaben und Finanzhilfen nach Art. 104a Abs. 4 GG sind strukturell identisch[71].

Ein Unterschied zu den Gemeinschaftsaufgaben wird allerdings in der Rolle des Bundes bei der Gewährung von Finanzhilfen bereits aus den unterschiedlichen Formulierungen des Grundgesetzes deutlich: Während der Bund durch die Gemeinschaftsaufgaben bei der Erfüllung von Aufgaben der Länder „mitwirkt" (Art. 91a Abs. 1 GG) oder mit den Ländern „zusammenwirkt" (Art. 91b GG), kann er nach Art. 104a Abs. 4 GG Finanzhilfen lediglich „gewähren". Einer inhaltlichen Beteiligung des Bundes an den Länderaufgaben „Wohnungsbau" und „Städtebau" sind aus verfassungsrechtlichen Gründen enge Grenzen gesetzt, die das unter Tz. 2.5.2 und 7.1.1 näher dargestellte Urteil des BVerfG[72] weiter konkretisiert.

14.2 Einwirkung des Bundes auf Landesaufgaben

Die Finanzhilfen dienen erklärtermaßen zwei Zwecken: Sie sollen die Länder erstens dazu bewegen, städtebaulichen (und anderen) relevanten Aufgaben die Bedeutung zuzumessen, die diese nach Meinung des Bundes haben sollten. Darüber hinaus will der Bund erreichen, dass auch solche Investitio-

---

[71] Kirchhof, Gutachten zum Deutscher Juristentag 1996, D 76

[72] Die vom BVerfG aufgestellten Grundsätze zu Art. 104a Abs. 4 GG gelten für den Bereich der Wohnungsbauförderung in entsprechender Weise wie für die Städtebauförderung.

nen vorgenommen werden, die die Länder wegen möglicher finanzieller Engpässe bislang noch nicht angepackt oder bewältigt haben. In Ausübung einer Leitfunktion will er einer gesamtstaatliche Verantwortung dadurch gerecht werden, dass er durch die Hingabe von Fördermitteln aus seiner Sicht sinnvolle Maßnahmen anstößt.

Dem Bund stehen bei der Gewährung von Finanzhilfen jedoch insbesondere keine Mitplanungs-, Mitverwaltungs- oder Mitentscheidungsbefugnisse in den Aufgabenbereichen der Länder zu. Auch die Einhaltung der Zielvorgaben in den üblichen Haushaltsvermerken, mit denen er bestimmte Investitionsbereiche festlegt (z.B. für Mittel des sozialen Wohnungsbaus in städtebaulichen Sanierungs- und Entwicklungsgebieten oder zur Bekämpfung der Obdachlosigkeit), kann der Bund nicht überprüfen; er kann deshalb auch im Fall einer Nichtbeachtung keine Rückforderungen durchsetzen. Praktisch hat der Bund keinen Einfluss auf die Auswahl der mit Bundesmitteln geförderten Gebiete und der dort unterstützten Vorhaben.

Auf Vorgaben, deren Einhaltung nicht kontrollierbar ist und die lediglich einen Anschein von Einfluss- und Gestaltungsmöglichkeiten des Bundes erwecken, die weder rechtlich noch tatsächlich bestehen, kann aber die Notwendigkeit einer Mitfinanzierung von Städte - und Wohnungsbau in ihrer derzeitigen Form nicht gestützt werden. Über die bloße Zweckbindung der Finanzhilfen hinaus kann der Bund nicht auf eine Rahmen- oder gar Detailplanung, auf Förderschwerpunkte oder die Ausgestaltung und Durchführung von Projekten und Programmen Einfluss nehmen. Er verstärkt vielmehr nur die Ausgabemittel, die die Länder eigenverantwortlich zur Verfügung stellen. Die vom Bund gegebenen Finanzhilfen werden zu Landesmitteln und verlassen so seine Sphäre. Seine Beteiligung ist daher im Kern auf die Gewährung von pauschalen, nach einem festen Schlüssel auf die Länder aufgeteilten Finanzhilfen begrenzt; eine echte Mitwirkung ist hingegen ausgeschlossen.

Damit gestalten sich die Finanzhilfen im Sinne der ansonsten üblichen Aufgaben- und Finanzierungskompetenzen von Bund und Ländern zwar etwas systemkonformer als die Gemeinschaftsaufgaben, die eine deutlichere Abweichung vom Grundsatz getrennter Haushaltswirtschaften bilden. Solche faktisch pauschalen Finanzmittelzuweisungen für Länderaufgaben wären aber konsequenterweise gleich über den allgemeinen Finanzausgleich nach Art. 106 GG abzuwickeln; für den Einsatz des Sonderinstrumentariums des Art. 104a Abs. 4 GG sieht der BWV keinen sachlichen Grund.

14.3 Finanzhilfen als Dauerleistung

Die Höhe der Finanzhilfen zur Wohnungsbauförderung und zur Städtebauförderung richtet sich in erster Linie nach allgemeinen Grundsätzen und den Leitlinien der Haushalts- und Finanzpolitik des Bundes. Der von den Ländern gemeldete Bedarf hat demgegenüber keinen erkennbaren Einfluss auf ihre Festsetzung. Die über die Jahre in gleich bleibender Höhe in die alten Länder geflossenen Bundesmittel zeigen, wie wenig bedarfsorientiert und wie wenig flexibel das System ausgestaltet ist. Dass der Beitritt der neuen Länder als einmaliges historisches Ereignis zu gewissen Veränderungen geführt hat, wird man kaum zum Beweis des Gegenteils nennen können. Auch die jüngsten Programmergänzungen in der Städtebauförderung und die Reform der sozialen Wohnraumförderung ändern nichts an der strukturellen Starrheit des Systems. Das Verfahren bleibt - auch mit Blick auf den Subsidiaritätsgrundsatz und den Ausnahmecharakter der Finanzhilfen - problematisch.

Die Mitfinanzierung der Städtebau- und Wohnungsbauförderung durch den Bund, die vom Gesetzgeber ursprünglich als vorübergehende Hilfe gedacht war, stellt sich in der Praxis mittlerweile als permanente Beteiligung an Daueraufgaben der Länder dar. Nach Aussage des BMVBW haben sich in den letzten Jahrzehnten immer neue und stets andere städtebauliche Aufgaben gestellt. Wie sehr sich der Bund mit der Weitergewährung der Finanzhilfen auf unabsehbare Zeit eingerichtet hat, zeigt sich deutlich auch daran, dass die Verpflichtung bzw. Möglichkeit dazu in § 38 WoFG bzw. in § 164b BauGB gesetzlich dauerhaft geregelt worden ist. Dies sei auch in der Zukunft zu erwarten. Für den BWV drängt sich daher die Frage auf, inwieweit solche Dauerleistungen des Bundes als Finanzhilfen in der jetzigen Form bundesweit noch sachgerecht sind.

14.4 Erfolgskontrolle und Zielerreichung

Den administrativen Vollzug, die Abwicklung des Bundesprogramms und die Mittelvergabe an die Letztempfänger der Zuwendungen erledigen die Länder in eigener Verantwortung. Welche Arten von Fördermitteln beispielsweise in einem Sanierungsgebiet oder in einem öffentlich geförderten Wohnungsbauprojekt zusammenfließen, ist auch im BMVBW nicht bekannt, weil es auf die Durchführung keinen Einfluss hat. Die Möglichkeit, im Bereich Städtebauförderung über den abschließenden Verwendungsbericht zu erfahren, welche Fördermittel in eine Sanierungsmaßnahme geflossen sind, ist aufgrund der langen Zeitdauer bis zur Schlussabrechnung wenig hilfreich. Auch aus den Abschlussberichten im Rahmen der sozialen Wohnraumförderung lässt sich nicht erkennen, ob beispielsweise bundeseigene Grundstücke für Zwecke der sozialen Wohnraumförderung mit zum Teil erheblichen Preisnachlässen veräußert oder etwa in den neuen Bundesländern zum Teil auch unentgeltlich abgegeben worden sind[73]. Insofern bringen auch die abschließenden Verwendungsnachweise letztlich keine Klarheit, in welchem Gesamtumfang z.B. eine Sanierungsmaßnahme vom Bund gefördert wurde.

Für den Bereich der Städtebauförderung gibt es inzwischen ausführliche allgemeine Untersuchungen zu den sog. Anstoß- und Bündelungseffekten sowie zu den arbeitsmarktpolitischen und fiskalischen Wirkungen. Auch bezüglich der sozialen Wohnraumförderung gibt es Überlegungen zu einer umfassenden Wirkungsanalyse.

Grundsätzlich wird bei den vorliegenden Untersuchungen nicht danach unterschieden, welche Wirkungen aus der Förderung des Städte- und Wohnungsbaus als solcher (gleich aus welchem Haushalt) folgen und welche

---

[73] Vgl. Grundsätze des BMF für die verbilligte Veräußerung/Nutzungsüberlassung und unentgeltliche Veräußerung bundeseigener Grundstücke (VerbGs), v. 31.03.93 - VI A 1 - VV 2400 - 5/93

positiven Effekte kausal auf die Mitwirkung des Bundes zurückgehen und damit gerade auf die derzeit übliche Art und Weise der Mischfinanzierung zurückgeführt werden können. Dass Investitionen weitgehend unterblieben wären, wenn es keine Bundesfinanzhilfen gegeben hätte, kann genauso als richtig unterstellt werden, wie die Aussage, dass sie ohne Komplementärmittel der Länder nicht durchgeführt worden wären. Damit ist aber die Wirksamkeit oder gar eine Notwendigkeit für die besondere Form der Mischfinanzierung nach Art. 104a Abs. 4 GG noch immer nicht festgestellt.

Die vom BMVBW herausgestellten Bündelungseffekte, Anstoßwirkungen u.ä., über deren Ausmaß aus fachlicher Sicht im Einzelnen durchaus diskutiert werden kann, würden jedenfalls nicht dadurch beeinträchtigt, dass den Ländern Finanzhilfen ohne fachliche Koordinierung durch den Bund und - abgesehen von den gesetzlich festgelegten Förderschwerpunkten - ohne die bisherigen Zweckbindungen unmittelbar gewährt werden würden. Die Länder hätten dann vielmehr erweiterte Möglichkeiten, die Mittel nach ihren politisch selbst gesetzten Schwerpunkten wirtschaftlich zu verwenden.

14.5 Einstellen der Finanzhilfen

Der BWV ist der Auffassung, dass die Bundesfinanzhilfen nach Art. 104a Abs. 4 GG in den Bereichen Wohnungsbauförderung und Städtebauförderung aus Anlass der ohnehin verfassungsgerichtlich vorgegebenen und politisch beabsichtigten Änderungen der Finanzverfassung in der bisherigen Form längerfristig abzuschaffen sind. Sie stellen vom Grunde her innerhalb der föderalen Staatsordnung Deutschlands einen problematischen Systembruch dar, dessen Unabweisbarkeit beispielsweise im Interesse von größerer Wirtschaftlichkeit und besserer Zielerreichung nicht belegt werden kann. Dass die Aufgabe der Finanzhilfen möglicherweise nicht zu einer nennenswerten Entlastung des Bundeshaushalts führen würde, wie das BMVBW im Hinblick auf durch sie erzielte höhere Steuereinnahmen und Einsparungen bei den Sozialleistungen argumentiert, sieht der BWV nicht als entscheidend an. Es geht nicht vorrangig um eine Rückführung der Bundesmittel, sondern in erster Linie um eine Entflechtung des Mischsystems (vgl. auch Tz. 15).

Der BWV sieht in den einzelnen untersuchten Bereichen überdies nur zeitlich begrenzte Aufgaben des Bundes:

Bereits die Kommission für die Finanzreform (sog. Troeger-Kommission) im Jahr 1966 forderte, beim sozialen Wohnungsbau zu prüfen, „ob diese Aufgabe, gegebenenfalls für eine begrenzte Zeit, als Gemeinschaftsaufgabe weitergeführt werden soll", und ging davon aus, dass die allgemeine Förderung des Wohnungsbaues wieder alleinige Aufgabe der Länder werden würde[74]. Bei der Reform des Wohnungsbaurechts des Bundes im Jahr 2001 wurde jedoch der entgegengesetzte Weg eingeschlagen. Mit ihrer Verankerung im WoFG hat sich die soziale Wohnraumförderung unter Beteiligung des Bundes in Form von Finanzhilfen sogar noch verstetigt, weil die Meinung vertreten wurde, es handele sich dabei um eine Daueraufgabe mit gesamtstaatlicher Bedeutung. Um in einem weitgehend funktionierenden Wohnungsmarkt mit direkten Hilfen für bestimmte Haushalte begrenzte Versorgungsprobleme zu bewältigen, bedarf es nach Überzeugung des BWV hingegen gerade nicht der ständigen Beibehaltung des gegenwärtigen Mischfinanzierungssystems.

Auch im Bereich der Städtebauförderung sollte eine Entflechtung vorgenommen werden; sie war ursprünglich ebenfalls nicht als Daueraufgabe gedacht.

Finanzhilfen des Bundes sollten, wie es schon der Wortsinn nahe legt, auf eine einmalige oder kurzfristige Unterstützung begrenzt sein. Die praktizierte dauernde Beteiligung des Bundes an Länderaufgaben widerspricht dem Prinzip der Subsidiarität. Vielmehr sollte der Ausnahmecharakter der Bundesfinanzhilfen im Sinne der Rechtsprechung des Bundesverfassungsgerichts künftig stärker im Vordergrund stehen. Eine ersetzende oder ausglei-

---

[74] Kommission für die Finanzreform, Gutachten über die Finanzreform in der Bundesrepublik Deutschland, Rz. 152, S. 40

chende Funktion für eine rechtzeitige und richtige Verteilung des Aufkommens der Gemeinschaftssteuern kommt den Finanzhilfen nicht zu. Eine dauerhaft aufgabenadäquate Finanzausstattung aller Gebietskörperschaften ist grundsätzlich über Art. 106 und 107 GG zu regeln. Insbesondere Städtebau- und Wohnungsbauförderung sind Länderaufgaben, über deren Wahrnehmung die Landesparlamente und -regierungen mittels Haushaltsplanung, -durchführung und -kontrolle die notwendigen Prioritätenentscheidungen allein zu treffen haben sollten.

Eine weitere gemeinsame Koordinierung von Bund und Ländern bei der Städte- und Wohnungsbauförderung wäre, hielte man sie für sachlich geboten, von einer gemeinsamen Finanzierung sachlich unabhängig. Die Finanzierungskomponente ist selbst nicht Teil der Planung, es sei denn, sie würde aufgrund ihrer Komplementärfunktion als „nötigendes Element" missbraucht. Sowohl auf Bundes- als auch auf Landesseite ließen sich durch eine Neuordnung der Förderungsstruktur des Bundes arbeitsaufwendige Verwaltungsvorgänge vermeiden, was zu einer Effizienzsteigerung führen würde.

15 Schlusswürdigung der Mischfinanzierung

Nach Auffassung des BWV sollte das Geflecht gegenseitiger inhaltlicher Abhängigkeiten, politischer Prädestinationen und ineinander greifender Kofinanzierungen als Folge des derzeit rechtlich vorbestimmten und praktisch geübten Systems der Mischfinanzierung zwischen Bund und Ländern nach Art. 91a GG, Art. 91b GG und Art. 104a Abs. 4 GG kritisch überdacht werden. Ziel sollte sein, das bisherige System aufzugeben, jedenfalls aber zu entwirren.

Alle untersuchten Mischfinanzierungen stellen sich als verhältnismäßig starre Dauermitfinanzierungen des Bundes für Aufgaben der Länder dar. Den Verfahren fehlt durchweg die Flexibilität, um auf unterschiedliche Bedarfslagen (und deren Wegfall) angemessen reagieren zu können. Vielmehr folgen die Mittelansätze des Bundes allgemeinen haushaltspolitischen Zielsetzungen, wobei sich die Aufteilung auf die Länder nach relativ konstanten Verteilungsschlüsseln richtet.

Daher sollten die Mischfinanzierungen überdacht und an deren Stelle entweder eine Umverteilung des Steueraufkommens nach Art. 106 GG und/oder Anpassungen im Rahmen des allgemeinen Finanzausgleichs nach Art. 107 GG erwogen werden. Selbst bei im Wesentlichen vergleichbaren Finanzvolumina könnte dies bei allen Beteiligten in Bund und Ländern unmittelbar zu einem wirtschaftlicheren Ressourceneinsatz und damit zu mittelbaren Einsparungsmöglichkeiten führen. Der Spargedanke ist bei den Überlegungen des BWV jedoch nicht der zentrale Punkt. Es geht nicht darum, die Ausgaben des Bundes für derzeit im Rahmen der Gemeinschaftsaufgaben und Finanzhilfen durchzuführende Maßnahmen zu reduzieren. Vielmehr soll die Finanzausstattung der Länder zur Stärkung ihrer Eigenverantwortung bei der Aufgabenerledigung möglichst einfach, transparent und frei von wenig wirksamen Vorgaben und unnötigen Abstimmungs- und Lenkungsverfahren gestaltet werden.

Die Fachressorts des Bundes wollen zwar aus ihrer spezifischen Interessenlage heraus an den Gemeinschaftsaufgaben und Finanzhilfen grundsätzlich festhalten, wie sich aus den im Anhang unter Tz. 16 abgedruckten Stellungnahmen zum vorliegenden Bericht ergibt. Der BWV wertet es aber als positives Signal, dass auch diese Befürworter des bestehenden Systems die von ihm aufgezeigten Probleme zumindest teilweise anerkennen. Es kann daher erwartet werden, dass in der weiteren Diskussion über die Mischfinanzierung zwischen Bund und Ländern den erforderlichen Veränderungen konstruktiv begegnet werden wird.

16 Anhang: Stellungnahmen der Bundesministerien

16.1 Auszug aus der Stellungnahme des Bundesministeriums der Finanzen vom 27. 02. 02 (V A 1 - FV 1120 - 47/01)

Die Regierungschefs von Bund und Ländern haben in ihrem Beschluss vom 20.12.01 die Aufnahme von Verhandlungen über Reformschritte zur Modernisierung der bundesstaatlichen Ordnung vereinbart. In dem Beschluss wird die Notwendigkeit betont, die bundesstaatliche Ordnung auf die Zweckmäßigkeit und Effizienz der Aufgabenerfüllung und die Zuordnung der politischen Verantwortlichkeiten zu überprüfen. Einen wesentlichen Teilbereich bilden in diesem Zusammenhang die Mischfinanzierungen zwischen Bund und Ländern.

Aus der Sicht des Bundesministeriums der Finanzen vermittelt der Bericht des BWV einen guten Überblick über die Grundlagen bedeutender Mischfinanzierungstatbestände und die Abläufe in der praktischen Handhabung dieser Instrumente. Auf dieser Basis werden allgemeine und spezielle Kritikpunkte vor allem unter dem Gesichtspunkt eines effizienten Einsatzes der öffentlichen Mittel in den betroffenen Aufgabenbereichen herausgearbeitet und bedenkenswerte Empfehlungen für Reformen unterbreitet. Er stellt mit seinen Feststellungen und Empfehlungen einen wichtigen Beitrag für die anstehenden Bund - Länder - Beratungen zur Modernisierung der bundesstaatlichen Ordnung dar.

Entscheidend für die Frage der zukünftigen Berechtigung von Mischfinanzierungen wird sein, ob die gesamtstaatlichen Erfordernisse eine weitere Förderung des Bundes in den betroffenen Aufgabenbereichen erforderlich machen und diese den gewünschten überregionalen Nutzen herbeiführt. Die zwischen Bund und Ländern anstehenden Gespräche werden zu klären haben, ob auf gemeinsame Finanzierungen ganz oder teilweise verzichtet werden sollte.

16.2 Auszug aus der Stellungnahme des Bundesministeriums der Finanzen vom 13.08.02 (ohne Aktenzeichen)

Die in der gegenwärtigen politischen und finanzwissenschaftlichen Diskussion gegen Bund-Länder-Mischfinanzierungen vorgebrachten Kritikpunkte werden zutreffend dargestellt. BMF begrüßt die – auch bereits an anderer Stelle seitens des BRH – zu diesem Themenbereich getroffenen Feststellungen und Empfehlungen als einen wichtigen Beitrag für den jetzt angelaufenen Beratungsprozess zur Modernisierung der bundesstaatlichen Ordnung....

Auch aus der Sicht des BMF ist ein Rückbau der Mischfinanzierungen Ziel des Modernisierungsprozesses. Ein vollständiger Verzicht auf Mischfinanzierungen mit einer ausschließlich über die Steuerverteilung geregelten Finanzausstattung der Gebietskörperschaften erscheint allerdings derzeit nicht realistisch. Es soll auch künftig sichergestellt bleiben, dass der Bund gesamtstaatliche Belange in den für die Zukunftsentwicklung bedeutenden Sachgebieten wahrnehmen kann. Im Bereich strukturbedingter regionaler Disparitäten werden - insbesondere mit Blick auf die neuen Länder - gezielte Korrekturinstrumente des Bundes zumindest mittelfristig notwendig sein. Es wird - nicht zuletzt im Hinblick auf europäische Koordinierungserfordernisse - Aufgabe des zwischen Bund- und Ländern geführten Beratungsprozesses sein, einen adäquaten Koordinierungs- und Handlungsrahmen zu finden. Ob hierbei auch Formen einer Koordinierung ohne gleichzeitige Mitfinanzierung gefunden werden können, werden die Bund-Länder-Beratungen zeigen. Angesichts des längeren Prozesses eines Abbaus von Mischfinanzierungen kann bei entsprechenden Bedarfen nicht ausgeschlossen werden, dass im Einzelfall neue und zeitlich befristete Mischfinanzierungen notwendig werden.

16.3 Auszug aus der Stellungnahme des Bundesministeriums für Wirtschaft und Technologie vom 29. 07. 02 (I C 1 70 03 92 / 17)

Zu den Bewertungen in Tzn. 9 - 15 Ihres Berichts nehme ich nicht im Einzelnen Stellung. Insoweit verweise ich auf den Beschluss des Planungsausschusses der Gemeinschaftsaufgabe „Verbesserung der regionalen Wirtschaftsstruktur", der in seiner Sitzung am 02.05.02 in Hamburg eine Grundsatzdiskussion zur zukünftigen Ausgestaltung der Regionalförderung in Deutschland geführt hat. Ich verweise auf den vom Planungsausschuss in seiner Sitzung in breitem Konsens zwischen Bund und Ländern gefassten Beschluss, der insbesondere auch auf die Bestrebungen der Ministerpräsidenten zur Abschaffung der Gemeinschaftsaufgaben eingeht (Anlage 1). Der Planungsausschuss vertritt darin die Auffassung, dass die Gemeinschaftsaufgabe „Verbesserung der regionalen Wirtschaftsstruktur" als regelgebundenes System der gemeinsamen Regionalförderung von Bund und Ländern beibehalten werden sollte.

Darüber hinaus hat die Wirtschaftsministerkonferenz (WiMiKo) in ihrer Sitzung am 2./3.05.02 ebenfalls die Auswirkungen des Beschlusses der Ministerpräsidenten vom 21. - 23.06.01 über die Modernisierung der bundesstaatlichen Ordnung auf die deutsche Regionalförderung erörtert (Anlagen 2 und 3). Die Wirtschaftsminister und -senatoren der Länder stellen u.a. fest, dass sich die Gemeinschaftsaufgabe „Verbesserung der regionalen Wirtschaftsstruktur" bewährt hat und halten es für notwendig, dass ihre besonderen Funktionen bei den Verhandlungen über die Abschaffung von Mischfinanzierungen berücksichtigt werden.

Anlage 1

Beschluss des Planungsausschusses der Gemeinschaftsaufgabe „Verbesserung der regionalen Wirtschaftsstruktur" (GA) zur zukünftigen Ausgestaltung der Regionalförderung

1. Der Planungsausschuss nimmt den Bericht des Unterausschusses der Gemeinschaftsaufgabe „Verbesserung der regionalen Wirtschaftsstruk-

tur" zu Grundsatzüberlegungen für eine konsistente Regional- und Investitionsförderung in Deutschland zur Kenntnis.

Er bekräftigt seine Auffassung, dass mit Blick auf die anstehende Reform der bundesstaatlichen Finanzverfassung, des Auslaufens der beihilferechtlichen Genehmigung für die Investitionsförderung zum 31.12.03, die instrumentelle Umsetzung des Solidarpaktes II zum 01.01.05 und die EU-Osterweiterung eine breit angelegte und verbundene Diskussion über das zukünftige Investitionsfördersystem in Deutschland geführt werden muss. Es liegt im Interesse des Planungsausschusses, in diese Diskussions- und Entscheidungsprozesse seine spezifischen Interessen einzubringen.

2. Der Planungsausschuss bekräftigt seine Auffassung, dass die Gemeinschaftsaufgabe „Verbesserung der regionalen Wirtschaftsstruktur" wichtige Ordnungs- und Koordinierungsfunktionen wahrnimmt. Ihre Abschaffung wäre mit der Gefahr verbunden, dass sich die Regionalförderung zu einer diskretionären und einzelfallbezogenen Politik zurückentwickelt.

Der Planungsausschuss vertritt die Ansicht, dass Bund und Länder die Gemeinschaftsaufgabe in den letzten Jahren zu einer wirksamen, zeitgemäßen Regionalförderung weiterentwickelt haben, die den Ländern weitgehende Eigenständigkeit und Flexibilität einräumt. Sie hat gleichzeitig einen regionalpolitischen Konsens zwischen Bund und Ländern ermöglicht, der Voraussetzung für das hohe Förderniveau in Ostdeutschland ist.

Derzeit ist außerdem kein alternatives Instrumentarium bekannt, das die notwendige Koordinierung mit einem geringeren Aufwand leistet. Der Planungsausschuss vertritt daher die Auffassung, dass die Gemeinschaftsaufgabe „Verbesserung der regionalen Wirtschaftsstruktur" als regelgebundenes System der gemeinsamen Regionalförderung von Bund und Ländern beibehalten werden sollte.

Der Planungsausschuss ist darüber hinaus der Auffassung, dass der Entscheidung über die Abschaffung der Mischfinanzierungen im allgemeinen und der Gemeinschaftsaufgaben im Besonderen in jedem Fall eine eingehende Analyse der einzelnen Mischfinanzierungstatbestände und konkreten Förderinstrumente vorangehen sollte. Soweit Anpassungen als notwendig erscheinen, sollte als erstes geprüft werden, ob diese innerhalb der bestehenden Systeme vorgenommen werden können.

3. Der Planungsausschuss spricht sich dafür aus, Effizienz und Transparenz der Investitionsförderung zu erhöhen. Zu diesem Zwecke sollten die einzelnen Instrumente (Zuschüsse, zinsverbilligte Kredite und Bürgschaften) besser aufeinander abgestimmt werden. Eine echte Harmonisierung der Förderbedingungen sieht der Planungsausschuss als Voraussetzung dafür an, dass die verschiedenen Instrumente auch nach dem Jahr 2003 von den Investoren gleichzeitig (kumulativ) in Anspruch genommen werden könnten.

Der Planungsausschuss teilt die Auffassung der MPK, im Rahmen der instrumentellen Umsetzung des Solidarpakts II zu prüfen, wie die aufbaupolitischen Zielsetzungen der Investitionszulage über das Jahr 2004 erhalten werden können. Der Planungsausschuss sieht, dass die Investitionszulage gegenüber anderen Instrumenten Vorzüge besitzt. Er weist jedoch gleichzeitig darauf hin, dass sie auch mit Nachteilen verbunden ist. Er empfiehlt, bei der Entscheidung über eine etwaige Fortführung der Investitionszulage nach dem Jahr 2004 neben ihren aufbaupolitischen Wirkungen auch ihre finanz- und förderpolitischen Effekte zu beachten. Er bittet die zuständigen Gremien, bei ihrer endgültigen Entscheidung auch die konkreten Erfahrungen mit der gegenwärtigen Investitionszulage und insbesondere den Aspekt der Einfügung in ein konsistentes Fördersystem ab dem 01.01.05 zu berücksichtigen.

4. Der Planungsausschuss sieht die regelmäßige Neuabgrenzung des Fördergebiets anhand objektiver Kriterien als wichtige Voraussetzung für die politische Legitimität und Akzeptanz der Gemeinschaftsaufgabe an. Für eine problemgerechte Auswahl der Fördergebiete bedarf es einer räumlichen Diagnoseeinheit, die statistische Verzerrungen so weit wie möglich vermeidet. Dies ist bei den dem Fördergebiet der Gemeinschaftsaufgabe zugrunde liegenden Arbeitsmarktregionen der Fall.

Der Planungsausschuss ist der Auffassung, dass die Förderung strukturschwacher Regionen in Deutschland nach möglichst einheitlichen Kriterien erfolgen sollte. Im Prinzip muss der Grundsatz gelten, dass gleiche Regionalprobleme unabhängig von der geographischen Lage der betroffenen Region auch gleich behandelt werden. Insbesondere Mittelausstattung und Höhe der Fördersätze sollten durchgängig nach der Schwere der Regionalprobleme abgestuft werden. Das regionale Fördergefälle sollte so ausgestaltet werden, dass förderbedingte Spannungen zwischen den Regionen so weit wie möglich vermieden werden.

Der Planungsausschuss strebt an, im Rahmen der nächsten Neuabgrenzung des Fördergebietes zum 01.01.04 der Gemeinschaftsaufgabe ein einheitliches Abgrenzungssystem für Ost- und Westdeutschland zu schaffen, sofern die verfügbaren Daten dies zulassen. Er begrüßt, dass der Unterausschuss der Gemeinschaftsaufgabe sich bemüht, die Indikatoren weiterzuentwickeln, um ein solches einheitliches Abgrenzungssystem zu erreichen. Er sieht jedoch Probleme hinsichtlich der Vergleichbarkeit der Arbeitsmarktsituation in Ost- und Westdeutschland. Er behält sich daher ausdrücklich vor, auch bei der anstehenden Neuabgrenzung auf der Basis von zwei getrennten Gebietslisten zu entscheiden.

Der Planungsausschuss beauftragt den Unterausschuss der Gemeinschaftsaufgabe, bis Anfang 2003 geeignete Modelle zur Fördergebietsabgrenzung vorzulegen, die eine sachgerechte und konsensfähige Lösung ermöglichen. Hierzu gehört auch die Möglichkeit einer Verlängerung des derzeitigen Fördergebiets. Der Unterausschuss wird dem Planungsausschuss bis Ende des Jahres über Vor- und Nachteile einer Verlängerung des Fördergebietes berichten.

5. Der Planungsausschuss unterstützt das Ziel, ab dem Jahr 2004 einheitliche Förderbedingungen in Ost- und Westdeutschland zu realisieren. Er sieht die Notwendigkeit, die noch bestehenden Unterschiede zwischen den Förderregeln in den alten und neuen Bundesländern so weit wie möglich abzubauen.

6. Der Planungsausschuss nimmt mit Bedauern zur Kenntnis, dass die Europäische Kommission im Rahmen ihrer Beihilfenkontrolle den nationalen regionalpolitischen Handlungsspielraum zunehmend einschränkt. Dies zuletzt am 07.03.02 mit dem Beschluss, den Multisektoralen Regionalbeihilferahmen für große Investitionsvorhaben durch die drastische Absenkung der Fördersätze zum 01.01.04 zu verschärfen.

Der Planungsausschuss hat keinen Zweifel, dass die Regionalförderung der Mitgliedstaaten auch in der erweiterten Union im Rahmen von verbindlichen, abgestimmten und nach der Wirtschaftskraft der Mitgliedstaaten abgestuften Spielregeln erfolgen muss.

Der Planungsausschuss hält es aber für dringend geboten, dass die gegenwärtig praktizierte Beihilfenpolitik geändert wird. Insbesondere vor dem Hintergrund einer erweiterten und heterogeneren EU muss die Beihilfenkontrolle auch den wirtschaftsstärkeren Mitgliedstaaten einen ausreichenden und gegenüber heute einen höheren Spielraum zur Bewältigung der eigenen Regionalprobleme mit eigenen Mitteln einräumen.

Der Planungsausschuss sieht drei mögliche Ansatzpunkte mit unterschiedlichen Eingriffsintensitäten, um den Mitgliedstaaten wieder mehr Handlungsspielraum für die selbständige Lösung ihrer Regionalprobleme zu geben:

- Die EU-Kommission muss ihre Praxis der restriktiven Auslegung des Sekundärrechts zugunsten einer Nutzung der vorhandenen Interpretationsspielräume und Flexibilitäten aufgeben.

- Sie muss außerdem maßgebliche Teile des Sekundärrechts (Leitlinien für Regionalbeihilfen, Multisektoraler Regionalbeihilferahmen) so neu gestalten, dass daraus echte Rahmenregelungen werden, die auf Detailfestlegungen, Gleichmacherei und Bürokratismus verzichten.

- Falls dies im Rahmen der gegenwärtig ausschließlichen Zuständigkeit der EU-Kommission nicht erreichbar sein sollte, könnte auch daran gedacht werden, im Rahmen der für das Jahr 2004 vorgesehenen EU-

Regierungskonferenz das beihilferechtliche Primärrecht zu ändern. Hier könnte z.B. ein förmliches Mitwirkungsrecht der Mitgliedstaaten beim Erlass von Umsetzungsvorschriften der Beihilfevorschriften des Vertrages (Sekundärrecht) erwogen werden.

Der Planungsausschuss bittet die Bundesregierung, diese Überlegungen in die Verhandlungen über die Neugestaltung der europäischen Verträge einzubringen.

Der Planungsausschuss beauftragt den Unterausschuss der Gemeinschaftsaufgabe, bis Anfang 2003 geeignete Modelle zur Anpassung der GA-Fördersätze vorzulegen, um einen Ausgleich für die deutliche Absenkung der Fördersätze durch den neuen Multisektoralen Beihilferahmen für große Investitionsvorhaben zu schaffen, damit Anreize für die Ansiedlung zukunftsträchtiger Großvorhaben erhalten bleiben.

7. Der Planungsausschuss sieht im Mittelfluss aus den europäischen Strukturfonds in der Förderperiode 2000 - 2006 eine wichtige Unterstützung der Anstrengungen der Länder im Hinblick auf die Entwicklung ihrer strukturschwachen Regionen durch die EU. Auf der anderen Seite stellt er fest, dass der Verwaltungsaufwand und die Einflussnahme der Kommission entgegen den Zielen der Agenda 2000 deutlich zugenommen haben. Der Planungsausschuss hat die Sorge, dass das gegenwärtige System der Strukturfondsförderung die neuen Mitgliedstaaten überfordern würde und die Bürger der meisten bisherigen Mitgliedstaaten in hohem Maße finanziell zusätzlich belasten würde.

Der Planungsausschuss sieht es als notwendig an, rechtzeitig alternative Modelle zur Ausgestaltung der EU-Strukturfonds für die Förderperiode ab 01.01.07 zu diskutieren. Dabei sollte die Solidarität mit den wirtschaftlich schwächeren Mitgliedstaaten in vollem Umfang aufrechterhalten bleiben. Dazu sollte die EU-Strukturfondsförderung auf die schwächsten Regionen konzentriert werden. Er befürwortet darüber hinaus grundsätzlich eine Rückverlagerung der Zuständigkeiten für die

Regionalpolitik auf die nationale und regionale Ebene, um auch den reicheren Mitgliedstaaten mehr Handlungsspielraum einzuräumen.

Der Planungsausschuss bittet die Bundesregierung, in Abstimmung mit den Ländern noch in diesem Jahr eine gemeinsame Position festzulegen, die sowohl die haushaltspolitischen Anliegen des Bundes als auch die förderpolitischen Interessen der Länder ausgewogen berücksichtigt.

8. Der Planungsausschuss bittet seinen Vorsitzenden, diesen Beschluss der Bundesregierung, dem Bundestag sowie der Ministerpräsidentenkonferenz zuzuleiten.

Anlage 2

Auswirkungen des Beschlusses der Ministerpräsidentenkonferenz vom 21. - 23.06.01 über die Modernisierung der bundesstaatlichen Ordnung auf die deutsche Regionalförderung - Auszug aus der Niederschrift über die Konferenz der Wirtschaftsminister und -senatoren der Länder am 02./03.05.02

Die Wirtschaftsministerkonferenz fasst einstimmig ohne Aussprache nachfolgenden Beschluss:

1. Die Wirtschaftsminister und -senatoren der Länder nehmen den Bericht des Arbeitskreises der Regionalreferenten zu den Konsequenzen des Beschlusses der Ministerpräsidentenkonferenz zur Abschaffung der Gemeinschaftsaufgaben auf die deutsche Regionalförderung zur Kenntnis.

2. Die Wirtschaftsminister und -senatoren der Länder unterstützen die Zielsetzung der Ministerpräsidentenkonferenz, durch eine Neuordnung der Bund-/Länder-Finanzbeziehungen die Eigenverantwortlichkeit und den Handlungsspielraum der Länder zu stärken.

3. Die Wirtschaftsminister und -senatoren der Länder begrüßen die in den Beschlüssen der Ministerpräsidentensonderkonferenz vom 21. - 23.06.01 zum Ausdruck kommende Absicht, auf lange Sicht eine bedarfsgerechte Finanzierung der Regionalpolitik in Ost- und Westdeutschland sicherzu-

stellen. Als Vorteil der Gemeinschaftsaufgabe „Verbesserung der regionalen Wirtschaftsstruktur" hat sich bewährt, dass die Verteilung der Regionalfördermittel im Zeitablauf angepasst werden kann, wenn die wirtschaftliche Entwicklung der Regionen dies erforderlich macht.

4. Die Wirtschaftsminister und -senatoren halten die Förderung betrieblicher Investitionen und der wirtschaftsnahen Infrastruktur zur Schaffung und Sicherung von Arbeitsplätzen für einen unverzichtbaren Bestandteil einer zielgerichteten Regionalpolitik zugunsten strukturschwacher Regionen. Sie sind sich dabei bewusst, dass entsprechende Beihilfen nur regelgebunden und regional begrenzt gewährt werden dürfen, um die Gleichbehandlung von strukturschwachen Regionen im regionalen Standortwettbewerb zu sichern und einen unproduktiven Subventionswettlauf der Länder um überregionale Ansiedlungen zu verhindern.

5. Die Wirtschaftsminister und -senatoren der Länder stellen fest, dass sich die Gemeinschaftsaufgabe „Verbesserung der regionalen Wirtschaftsstruktur" als wirkungsvolles und konsensförderndes Instrument zur Abstimmung von Fördergebieten und Förderkonditionen bewährt hat. Im Falle eines Verzichtes auf die Gemeinschaftsaufgabe „Verbesserung der regionalen Wirtschaftsstruktur" sehen sie die Gefahr, dass bei der notwendigen Koordinierung auf nationaler Ebene erhebliche Effizienzverluste und Entscheidungsrisiken in Kauf genommen werden müssen bzw. die Koordinierung der Regionalpolitik in Deutschland allein den Dienststellen der Europäischen Kommission überlassen wird.

6. Die Wirtschaftsminister und -senatoren der Länder halten es deshalb für notwendig, dass die besonderen Funktionen der Gemeinschaftsaufgabe „Verbesserung der regionalen Wirtschaftsstruktur" bei den Verhandlungen über die Abschaffung von Mischfinanzierungstatbeständen berücksichtigt werden, und bitten daher den Vorsitzenden der Wirtschaftsministerkonferenz und den Bundesminister für Wirtschaft, den von der Ministerpräsidentenkonferenz eingesetzten Gremien den Bericht des Arbeitskreises der Regionalreferenten zugänglich zu machen und dort - so-

weit es um die Zukunft der Gemeinschaftsaufgabe „Verbesserung der regionalen Wirtschaftsstruktur" geht - auf eine angemessene Vertretung der Wirtschaftsministerien in den Verhandlungsgremien zu drängen.

Anlage 3

Bericht des Arbeitskreises der Regionalreferenten zu den Konsequenzen des Beschlusses der Ministerpräsidentenkonferenz zur Abschaffung der Gemeinschaftsaufgaben auf die deutsche Regionalförderung

Mit dem nachfolgenden Bericht kommt der Arbeitskreis der Regionalreferenten dem Auftrag der Wirtschaftsministerkonferenz vom 22./23.11.01 in Saarbrücken nach, bis zur nächsten Sitzung der Wirtschaftsministerkonferenz im Mai 2002 einen Bericht zu den Konsequenzen des Beschlusses der Ministerpräsidentenkonferenz zur Abschaffung der Gemeinschaftsaufgaben auf die deutsche Regionalförderung vorzulegen.

1. Beschluss der Ministerpräsidenten zur Abschaffung der Gemeinschaftsaufgaben

Die Ministerpräsidenten der Länder haben auf ihrer Sonderkonferenz vom 21.-23.06.01 Beschlüsse zur Neuordnung der Bund-/Länder-Finanzbeziehungen gefasst, die auch die Gemeinschaftsaufgabe „Verbesserung der regionalen Wirtschaftsstruktur" betreffen. So haben sie ihre Absicht zum Ausdruck gebracht, mit dem Bund im Zusammenhang mit der Neuordnung des Finanzausgleichs die Entflechtung von Gemeinschaftsaufgaben und anderen Mischfinanzierungen zu vereinbaren. Die Verhandlungen sollen bis Ende 2003 beendet und die gesetzliche Umsetzung der Reform bis Ende 2004 abgeschlossen sein.

Die Abschaffung der Mischfinanzierungstatbestände wird damit begründet, dass durch die gemeinsame Beteiligung von Bund und Ländern eine Vermischung von Verantwortlichkeiten entstehe, die zu Fehlanreizen und mangelnder Transparenz führe und durch hohen Koordinationsaufwand Effizienzverluste nach sich ziehe. Außerdem würden die Länderparlamente präjudiziert.

Als Verhandlungsposition soll der Bericht der Arbeitsgruppe der Chefs der Staatskanzleien zu den Gemeinschaftsaufgaben und Mischfinanzierungen vom 21.06.01 dienen. Darin sind folgende Kernpunkte für die Reform vorgesehen:

- Das derzeitige Volumen der Bundesmittel für die Gemeinschaftsaufgaben soll den Ländern vollständig und auf Dauer als freie Mittel zur Verfügung gestellt werden. Den Ländern soll vom Bund ein entsprechender Anteil an der Umsatzsteuer zugewiesen werden.

- Während einer Übergangszeit, die der Dauer des Nachholbedarfs der ostdeutschen Länder entspricht (Laufzeit des Solidarpakts II bis zum Jahr 2019), sollen bereits größere Freiheiten gewährt werden, indem eine freie Verfügbarkeit der Mittel innerhalb der Gesamtheit der Gemeinschaftsaufgaben gewährleistet sein soll. Während dieser Nachholphase sollen die Länder Festbeträge erhalten, die ihrem Anteil der Jahre 1996 - 2000 entsprechen. Die Länder sollen in dieser Übergangszeit der Ländergesamtheit und dem Bund regelmäßig über die Verwendung der Mittel berichten.

- Nach Ablauf der Nachholphase soll in einer fünfjährigen Anpassungsphase der Übergang zu einem neuen Verteilungsschlüssel der Mittel vorgenommen werden. Die Verteilung soll überwiegend nach Einwohnern und im Übrigen nach Finanzkraft erfolgen.

Auf ihrer Besprechung am 20.12.01 in Berlin haben die Regierungschefs der Länder mit dem Bundeskanzler die folgenden Vereinbarungen zu den Verhandlungsstrukturen getroffen:

- Für die Führung der Verhandlungen soll eine Verhandlungskommission eingesetzt werden, die die Entscheidungen der Regierungschefs vorbereiten soll. Der Verhandlungskommission sollen auf Bundesseite der Chef des Bundeskanzleramtes und auf Länderseite die Chefs der Staats- und Senatskanzleien angehören.

- Darüber hinaus soll ein Lenkungsausschuss „Föderalismusreform" eingesetzt werden. Dem Lenkungsausschuss, dessen Aufgabe es sein soll, den Beratungsprozess zwischen Bund und Ländern zu steuern sowie die Tätigkeit der Arbeitsgruppen zu bündeln und zu koordinieren, sollen auf Bundesseite der Chef des Bundeskanzleramtes sowie BMI, BMJ und BMF auf Staatssekretärsebene und auf Länderseite die Chefs der Staats- bzw. Senatskanzleien der Länder Bayern, Bremen, Nordrhein-Westfalen, Sachsen und Rheinland-Pfalz sowie der Chef der Staats- bzw. Senatskanzlei des jeweiligen Vorsitzlandes angehören.

- Außerdem sollen zwei Arbeitsgruppen zu den Themen „Finanzen" und „Innerstaatliche Kompetenzordnung" eingerichtet werden. Die Arbeitsgruppe „Finanzen", die u.a. Reformvorschläge zum Thema Mischfinanzierungen erarbeiten soll, steht unter dem gemeinsamen Vorsitz des BMF und eines Landesvertreters. Von Bundesseite sollen in der Arbeitsgruppe das Bundeskanzleramt sowie BMI, BMJ und BMF auf Staatssekretärsebene und auf Länderseite Vertreter auf Ebene der Chefs der Staats- bzw. Senatskanzleien mitwirken.

2. Funktionen der Gemeinschaftsaufgabe „Verbesserung der regionalen Wirtschaftsstruktur"

Ziel der Gemeinschaftsaufgabe „Verbesserung der regionalen Wirtschaftsstruktur" ist es, regionale Entwicklungsunterschiede abbauen zu helfen und dauerhaft wettbewerbsfähige Arbeitsplätze zu schaffen oder zu erhalten. Durch ständige Weiterentwicklung des Regelwerkes ist sie zu einem modernen und leistungsfähigen Instrument der Wirtschaftsförderung geworden, das den Ländern einen flexiblen Handlungsrahmen zur Bewältigung der vielfältigen Regionalprobleme bietet.

Die Gemeinschaftsaufgabe erfüllt in ihrer jetzigen Ausgestaltung wichtige Ordnungs- und Koordinierungsfunktionen:

- Sie stellt einen bundeseinheitlichen Ordnungsrahmen für die regionale Wirtschaftsförderung der Länder in Bezug auf Fördergebiete, Förderhöchstgrenzen und Fördermodalitäten dar. Dieser Ordnungsrahmen sichert die Gleichbehandlung von strukturschwachen Regionen im regionalen Standortwettbewerb und verhindert einen unproduktiven Subventionswettlauf der Länder um überregionale Ansiedlungen.

- Die Verteilung der Bundesmittel in der Gemeinschaftsaufgabe erfolgt nach einem einheitlichen Indikatorensystem, das eine transparente und objektive Bewertung der Strukturschwäche in den einzelnen Regionen gewährleistet.

- Die Gemeinschaftsaufgabe stellt sicher, dass die Regionalpolitik systematisch und regelgebunden durchgeführt wird. Dadurch werden ad-hoc-Maßnahmen und diskretionäre Bundeshilfen für Einzelfälle vermieden, wie sie vor Einführung der Gemeinschaftsaufgabe bis 1969 üblich waren.

- In den neuen Bundesländern stellt die Gemeinschaftsaufgabe das zentrale Instrument der gezielten Investitionsförderung für den Umstrukturierungsprozess dar. Im Rahmen der Gemeinschaftsaufgabe wird ein regionalpolitischer Konsens zwischen Bund und Ländern erreicht und dadurch die Bereitstellung eines hohen Förderniveaus für den Aufbau Ost ermöglicht.

- Die Gemeinschaftsaufgabe stellt sicher, dass die regionalpolitischen Interessen der Länder gegenüber der EU gebündelt und koordiniert vom Bund vertreten werden.

- In der Gemeinschaftsaufgabe kann jedes Land - auch ohne finanzielle Beteiligung - die Ausgestaltung der Förderung der anderen Länder beeinflussen. Dadurch können regionalpolitische Konflikte weitgehend vermieden oder entschärft werden.

- Die Gemeinschaftsaufgabe bildet auch einen Koordinierungsrahmen für andere raumwirksame Politikbereiche des Bundes und der Länder (Mittelstandspolitik, Forschungspolitik, Arbeitsmarktpolitik etc.).

3. Konsequenzen aus der Abschaffung der Gemeinschaftsaufgabe „Verbesserung der regionalen Wirtschaftsstruktur" für die deutsche Regionalförderung

Die Abschaffung der Gemeinschaftsaufgabe „Verbesserung der regionalen Wirtschaftsstruktur" hätte sowohl für die Länder als auch für den Bund negative Konsequenzen:

- Schon die Diskussion um die Abschaffung der Gemeinschaftsaufgabe könnte dazu führen, dass die Haushaltspolitiker bei Bund und Ländern die Gemeinschaftsaufgabe als „Auslaufmodell" betrachten und die GA-Mittel verstärkt kürzen.

- Ohne den Koordinierungsrahmen, den die Gemeinschaftsaufgabe bietet, wären die Länder darauf angewiesen, sowohl auf nationaler als insbesondere auch auf EU-Ebene ihre Interessen stärker für sich allein zu vertreten. Es gäbe dann keine gesetzlich verankerte Institution und keinen gesetzlichen Rahmen mehr für eine Koordinierung der Regionalförderung der Länder (Abstimmung der Fördersätze, des Fördergebiets und der Förderregeln). Die Moderation durch den Bund hat sich jedoch insbesondere bei der Abgrenzung des Fördergebiets als unerlässlich erwiesen. Für die Länder dürfte es ohne die Hilfe des Bundes erheblich schwerer werden, bei der Kommission mit einer Stimme zu sprechen, was ihre Position in Brüssel merklich verschlechtern würde.

- Es käme zu einer zunehmenden Fremdbestimmung der Länder durch die EU-Kommission, was den Subsidiaritätsgedanken in Europa weiter schwächen würde. Dies steht im Widerspruch zu den deutschen Anliegen für die Regierungskonferenz 2004 zur Rückverlagerung der Kompetenzen von der EU auf die Ebene der Mitgliedstaaten in der Strukturpolitik.

- Es ist nicht auszuschließen, dass ohne die Regelungen der Gemeinschaftsaufgabe, die restriktivere Vorgaben bezüglich der Förderhöchstsätze machen als die EU - Leitlinien für Regionalbeihilfen, ein verstärkter Subventionswettlauf zwischen den Ländern einsetzt. Dieser könnte dazu führen, dass sich das Fördergefälle zwischen den ost- und westdeutschen Ländern erhöht. Dem derzeit im Rahmen der Gemeinschaftsaufgabe realisierten Interessenausgleich zwischen ost- und westdeutschen Ländern wäre damit die Grundlage entzogen.

- Der Bund würde politisch weiterhin für die regionale Wirtschaftsentwicklung verantwortlich gemacht. Es erscheint zweifelhaft, ob er sich dauerhaft dieser Verantwortung entziehen könnte. Deshalb bestünde die Gefahr, dass an die Stelle des regelgebundenen, transparenten Fördersystems der Gemeinschaftsaufgabe einzelfallbezogene Interventionen des Bundes treten würden.

- Ein Verzicht des Bundes auf das regelgeleitete Fördersystem der Gemeinschaftsaufgabe würde ihn in zunehmendem Maße unter Druck setzen, Forderungen aus den Regionen nach finanzieller Unterstützung nachzukommen. Damit wäre die Gefahr verbunden, dass es zu einer Ungleichbehandlung der Länder oder teuren Paketlösungen käme. Dies wäre auch für die Länder nicht wünschenswert.

- Ohne die Gemeinschaftsaufgabe stünde dem Bund - bei steigendem regionalpolitischem Handlungsbedarf (z.B. als Folge der EU-Osterweiterung oder der Umstrukturierung des Agrarsektors) - kein geeignetes Instrumentarium zur Verfügung, um wirksam den Strukturwandel zu erleichtern und gesamtwirtschaftliche Aspekte in der regionalen Strukturpolitik zur Geltung zu bringen.

- Es ist unwahrscheinlich, dass die Länder eine vollständige Kompensation der bisherigen Mittel der Gemeinschaftsaufgabe erhalten werden. Landesintern würde sich zudem die Frage stellen, ob etwaige Kompensationsmittel weiterhin für Zwecke der regionalen Wirtschaftsförderung zur Verfügung stünden.

- Auch könnte es für die Länder schwierig werden, ohne die Gemeinschaftsaufgabe die EFRE-Förderung durchzuführen. Da diese in den meisten Ländern an die GA-Förderung gekoppelt ist, würde sich das Problem der Bereitstellung der Komplementärmittel stellen, wenn entweder keine oder nur eine teilweise Kompensation durch den Bund stattfindet oder wenn zwar eine Kompensation durch den Bund stattfindet, die Mittel jedoch nicht mehr ausschließlich für regionalpolitische Maßnahmen zur Verfügung stünden. Es wäre dann wahrscheinlich, dass die EFRE-Förderung nicht mehr die nationale Regionalpolitik verstärkt, sondern umgekehrt Landesmittel zur Kofinanzierung der von der EU vorgegebenen und von den Ländern nur marginal zu beeinflussenden Förderziele der EU bereitgestellt werden. Für eine eigenständige nationale Regionalpolitik wäre dann kein Raum mehr vorhanden.

- Die Abschaffung der Gemeinschaftsaufgabe ohne vollständige Kompensation könnte für die Länder den Anreiz erhöhen, sich bei der EU-Kommission für eine Erhöhung der EFRE-Mittel einzusetzen, um die finanziellen Nachteile auszugleichen. Dies könnte wegen ihrer Nettozahlerposition zu weiteren Haushaltsbelastungen für die Bundesrepublik Deutschland führen und könnten damit indirekt auch negative Auswirkungen auf die Länder haben.

4. Fazit

Die Abschaffung der Gemeinschaftsaufgabe „Verbesserung der regionalen Wirtschaftsstruktur" hätte sowohl für den Bund als auch für die Länder negative Konsequenzen. Im Rahmen der allgemeinen Wirtschaftspolitik wäre eine kontinuierliche Förderpolitik zugunsten anerkannt strukturschwacher Regionen aus einem Guss dann nicht mehr möglich. Der Bund würde vermutlich seine Regionalförderung auf Einzelfälle mit besonderer politischer Bedeutung beschränken, was möglicherweise eher höhere finanzielle Belastungen mit sich bringen würde als eine regelmäßige Bereitstellung einer mittelfristig bedarfsgerechten Finanzausstattung für die GA. Für solche Einzelfallhilfen müsste dann jeweils eine geeignete gesetzliche - beihilferechtlich einwandfreie - Grundlage gefunden werden.

Die für die Regionalpolitik grundsätzlich zuständigen Länder müssten bei Abschaffung der GA wegen der Lösung der Regionalpolitik von der allgemeinen Wirtschaftspolitik des Bundes eine Schwächung der Regionalförderung hinnehmen. Es ist nicht sicher, ob die Gesamtheit der Länder die bisherige Regionalpolitik fortführt oder einige Länder dazu übergehen, ohne die Rahmensetzung durch die GA Regionalfördermittel nur noch für einzelfallbezogene Aktionen begrenzt einzusetzen. Dabei wird auch ihr Handlungsspielraum aufgrund weiter zunehmender Restriktionen der EU-Beihilfenkontrolle eingeengt werden. Letztlich ist zwischen den Ländern ein höherer Koordinierungsaufwand als bisher zu erwarten.

5. Mögliche Alternativen zur Gemeinschaftsaufgabe „Verbesserung der regionalen Wirtschaftsstruktur"

Auch ohne die Gemeinschaftsaufgabe wird es notwendig sein, sich auf einen Ordnungs- und Koordinierungsrahmen für die regionale Wirtschaftsförderung in der Bundesrepublik Deutschland zu einigen, um einen fairen Standortwettbewerb zu ermöglichen. Ein solcher Rahmen ist auch deshalb notwendig, um die Vorgaben der Europäischen Kommission für die Regionalförderung umzusetzen. In der Diskussion um mögliche Alternativlösungen wird daher immer wieder vorgeschlagen, einen Subventionskodex festzulegen oder eine gesetzliche Grundlage für die Gewährung von Regionalbeihilfen zu schaffen.

Was die Festlegung eines Subventionskodexes betrifft, ist zu fragen, wie dieser sich von dem für die Durchführung der Gemeinschaftsaufgabe maßgeblichen Rahmenplan unterscheiden würde. Der Rahmenplan stellt de facto einen Subventionskodex dar, indem er genaue Vorgaben macht, was das Fördergebiet, die Fördersätze sowie die Förderregeln angeht.

Die Koordinierung der Regionalförderung mit Hilfe eines „Gesetzes zur Vergabe von Regionalbeihilfen" wäre mit der Problematik konfrontiert, dass das Gesetz selbst sowie sämtliche Gesetzesänderungen der Zustimmung durch den Bundesrat bedürften. Damit würde die derzeit bestehende Möglichkeit aufgegeben, im Planungsausschuss der Gemeinschaftsaufgabe schnell und flexibel auf Veränderungen und Anpassungsnotwendigkeiten zu reagieren. Darüber hinaus bestünde die Gefahr, dass eine Einigung im Bundesrat jeweils nur zum Preis der Aufnahme sachfremder Elemente erzielt werden könnte.

Ob das mit der Abschaffung der Gemeinschaftsaufgabe anvisierte Ziel der Trennung von Verantwortlichkeiten und der Realisierung von Effizienzgewinnen realisiert werden kann, ist sehr fraglich. Der Bund könnte auch bei einer Alternativlösung eine koordinierende Funktion übernehmen. Ohne eine finanzielle Beteiligung des Bundes hätte er erfahrungsgemäß nur geringe Einflussmöglichkeiten. Aus Sicht der Länder ist kein alternatives Instrumentarium bekannt, welches mit einem geringeren Koordinierungsaufwand auskommt als die Gemeinschaftsaufgabe. Der Koordinationsaufwand würde bei Abschaffung der Gemeinschaftsaufgabe mindestens ebenso hoch sein wie im gegenwärtigen System. Er könnte sich im Vergleich zum Status Quo sogar erhöhen, was dem Ziel der Realisierung von Effizienzgewinnen widerspräche.

6. Empfehlungen

Der Entscheidung über die Abschaffung der Mischfinanzierungstatbestände sollte in jedem Falle eine eingehende Analyse der einzelnen Instrumente vorangehen. Die Ausgestaltung der einzelnen Mischfinanzierungen unterscheidet sich erheblich, so dass eine differenzierte Betrachtung notwendig erscheint. Die Analyse der möglichen Konsequenzen der Abschaffung der Gemeinschaftsaufgabe „Verbesserung der regionalen Wirtschaftsstruktur" hat gezeigt, dass die von deren Befürwortern vorgebrachten Vorteile vermutlich gar nicht eintreten. Auch wurde deutlich, dass die möglichen Alternativlösungen gravierende Mängel aufweisen.

Daher sollte auf die Abschaffung dieser Gemeinschaftsaufgabe verzichtet werden. Soweit Anpassungen als notwendig erscheinen, sollten sie vielmehr innerhalb des Systems vorgenommen werden.

16.4 Auszug aus der Stellungnahme des Bundesministeriums für Verbraucherschutz, Ernährung und Landwirtschaft vom 10.09.02 (113-0709-2/253)

1. Dynamische Weiterentwicklung des Anforderungsprofils der Gemeinschaftsaufgabe:

Mit der Einfügung des Artikels 91a in das Grundgesetz hat der Verfassungsgesetzgeber betont, dass der Verbesserung der Agrarstruktur und des Küstenschutzes besondere Bedeutung bei der Herstellung gleichwertiger Lebensverhältnisse im Bundesgebiet zukommt und insoweit eine Mitfinanzierung und Mitplanung durch den Bund erforderlich ist.

Die Implementierung der Gemeinschaftsaufgabe wurde 1969 damit begründet, dass gesamtstaatliche Aufgaben des Bundes und einzelstaatliche Aufgaben der Länder zunehmend ineinander griffen. Dies führte in der Vergangenheit zu verstärkten Eingriffen des Bundes in Länderaufgaben, für die eine klare verfassungsmäßige Grundlage fehlte. Es war notwendig, die Ressourcen verschiedener staatlicher Ebenen zu bündeln und zu koordinieren, um zur effizienteren Mittelverwendung beizutragen. Mit dem Instrument der Gemeinschaftsaufgabe sollten unbefriedigende betriebliche Strukturen und damit verbundene ebenso unbefriedigende Marktstrukturverhältnisse verbessert werden. Die notwendigen Investitionen zum Küstenschutz überstiegen die eigenen finanziellen Kräfte der betroffenen Länder.

Unter diesen Grundvoraussetzungen wurden die einzelnen Fördermaßnahmen der Gemeinschaftsaufgabe konzipiert. Sie wurden allerdings nicht einem quantifizierbaren Ziel bzw. Zielkatalog unterworfen. Angesichts der strukturellen Veränderungen in Deutschland und Europa würde eine statische Zielbestimmung auch sehr schnell zu Fehlallokationen führen. Sachgerechter ist eine dynamische Weiterentwicklung des Agrarstrukturbegriffes wie der Förderziele, die auch heute noch nicht abgeschlossen sein dürfte. Die Maßnahmen der Gemeinschaftsaufgabe wurden somit im Rahmen des verfassungsrechtlich Zulässigen kontinuierlich weiterentwickelt, Prioritäten wurden neu gesetzt, Fördermaßnahmen wurden entwickelt, überholte Grundsätze aufgehoben. Diese Dynamik spiegelt sich in veränderten Schwerpunkten wider, die zur Weiterentwicklung konkreter Förderungsinhalte geführt haben. Als Beispiel seien der Erhalt einer gewachsenen Kulturlandschaft durch eine umwelt- und tiergerecht produzierende wettbewerbsfähige Landwirtschaft und die Verhinderung eines ungebremsten Rückzugs der Landwirtschaft aus strukturschwachen Regionen als ein neuer Schwerpunkt der Gemeinschaftsaufgabe erwähnt. Hierbei handelt es sich um einen Auftrag gesamtstaatlicher wie auch europäischer Dimensionen, der dem europäischen Modell einer multifunktionalen Landwirtschaft entspricht und u.a. zu folgenden neuen Fördertatbeständen geführt hat:

- Unterstützung von Investitionen zur Einkommensdiversifizierung in landwirtschaftlichen Betrieben,

- verstärkte Knüpfung von investiven Maßnahmen an Ziele des Tierschutzes und des Umweltschutzes,

- Stärkung des ökologischen Landbaus als besonders umweltverträgliche Produktionsform,

- Förderung einer markt- und standortangepassten Landbewirtschaftung mit besonders umweltverträglichen Produktionsverfahren.

Die Gemeinschaftsaufgabe hat sich dabei als ein insgesamt flexibles Instrument bewährt, mit dem - schneller als mit Gesetzen - auf neue förderpolitische Notwendigkeiten reagiert werden kann.

2. Mehrdimensionaler Zielkatalog:
Der BWV verkennt die Komplexität der Strukturpolitik, wenn er der Auffassung ist, durch ein Förderziel, das etwa lauten könnte „der Grundbestand an marktfähigen bäuerlichen Betrieben ist gesichert", könne eine adäquate Strukturpolitik erreicht werden. Der Gesetzgeber hat dieser Anforderung Rechnung getragen, indem er in § 2 GAKG festgelegt hat, dass die Ziele der Raumordnung, der Landesplanung sowie des Umweltschutzes und des Tierschutzes zu beachten sind. Tatsächlich hat die Struktur-

politik als Querschnittspolitik zwangsläufig immer einen mehrdimensionalen Zielkatalog zu verfolgen, der sich an Zielen der einzelnen Fachpolitiken orientiert (Raumordnungspolitik, Einkommenspolitik, Wettbewerbspolitik, Umweltpolitik, Sozialpolitik...). Es ist gerade Aufgabe einer nachhaltigen ländlichen Entwicklungspolitik, unterschiedliche Ziele in einem integrierten Ansatz zusammenzuführen und durch geeignete förderpolitische Konzepte zu untermauern. Dieser methodische Ansatz wird von kaum einem Wissenschaftler heute noch ernsthaft in Frage gestellt. Zu Recht weist der BWV auf die Notwendigkeit einer Evaluierung der Fördermaßnahmen hin.

3. Die zeitliche Dimension der Gemeinschaftsaufgabe:

Die Gemeinschaftsaufgaben wurden nicht als zeitlich befristete Aufgaben angelegt. Auch unter rechtlicher Würdigung des Artikels 91a GG komme ich zu keinem anderen Ergebnis. Die in Textziffer 9.1.1 des Berichts zitierte Kommentierung von Maunz in Maunz-Dürig weist nur darauf hin, dass „Artikel 91a ... das Bild einer bestimmten Zeit über diese Aufgabengebiete widerspiegelt ..., das sich im Laufe der Zeit ändern kann." In der Kommentierung findet sich der im Berichtsentwurf gezogene Schluss nicht, dass „die Mitwirkung des Bundes daher nicht auf Dauer erforderlich" sei. Es liegt hier offensichtlich eine eigene Interpretation des Verfassers vor. Demgegenüber bringt Maunz-Dürig aber an anderer Stelle deutlich zum Ausdruck, dass ein Verfassungsauftrag für das Zusammenwirken von Bund und Ländern besteht und die Gemeinschaftsaufgaben nicht einfach ausgetrocknet werden können.

Die Kommentierung von Maunz zu Artikel 91a GG ist vom Stand September 1980. Wesentliche Inhalte einer veränderten europäischen Agrarstrukturpolitik - Einführung der Agrarumweltmaßnahmen, Stärkung der 2. Säule, integrierte ländliche Entwicklung - sind weder in der Kommentierung von Maunz-Dürig noch in dem Bericht des BWV berücksichtigt. Aus der dynamischen Weiterentwicklung des Anforderungsprofils der Gemeinschaftsaufgabe (vgl. Ziff. 1 u. 2) ergeben sich zusätzliche Aufgaben, die hochaktuell sind, bei denen noch erhebliche Defizite in der

Aufgabenerfüllung bestehen und die nach wie vor ein Engagement des Bundes aus gesamtstaatlichem Interesse erfordern.

4. Alternative Optionen:

Der BWV schlägt vor, die Gemeinschaftsaufgaben grundsätzlich zu überdenken und

- die Finanzierungskomponente der Gemeinschaftsaufgabe in ihrer bisherigen Form abzuschaffen und den Finanzausgleich der Länder entsprechend neu zu regeln,

- durch den Wettbewerb um die Finanzmittel innerhalb des Landes Innovationen freizusetzen,

- seitens des Bundes eine koordinierende Funktion zu übernehmen.

Kooperative Formen des Föderalismus, wie z. B. im Bereich der Kultusminister, werden als positive Beispiele herausgestellt. Bei trotzdem im gesamtstaatlichen Interesse notwendigen bundesweiten Regelungen schlägt der BWV vor, von der konkurrierenden Gesetzgebung nach Artikel 74 Abs. 1 Nr. 17 GG unter Artikel 72 Abs. 2 GG Gebrauch zu machen.

Die genannten Alternativen zur GAK sind nur vordergründig betrachtet geeignete Lösungsansätze:

- Die Haltung des BMVEL, dass eine effektive Interessenwahrnehmung und politische Mitverantwortung des Bundes nur bei einer Mitfinanzierung durchzusetzen ist, entspricht nicht einer „paternalistischen Grundhaltung", sondern der tatsächlichen Situation in einem föderalistischen System. Es ist absolut realitätsfern, anzunehmen, die Länder würden sich auf eine gemeinsame kohärente Strukturpolitik einigen, wenn es das verbindende Element einer gemeinschaftlichen Finanzierung nicht gäbe. Ob gerade die Politik im Bereich der Kultusminister ein geeignetes positives Beispiel darstellt, darf angesichts der offen zu Tage getretenen Defizite und der aktuellen Diskussion über eine stärkere bundespolitische Kompetenzzuweisung im Bereich der Bildungspolitik bezweifelt werden.

- Ob eine allgemeine, nicht zweckgebundene Mittelzuweisung an die Länder Innovationen freisetzen würde, ist kritisch zu hinterfragen. Wahrscheinlicher ist einerseits ein unkoordinierter Subventionswettlauf, der auf die kurzfristige Lösung von Einzelproblemen ausgerichtet ist, und andererseits ein Rückfall in das ungeordnete, verfassungsrechtlich bedenkliche Finanzsystem vor Einführung der Gemeinschaftsaufgaben, der tendenziell dazu führt, dass sich sektorale und regionale Disparitäten verstärken. Die Gemeinschaftsaufgabe gewährleistet durch ihren zielgerichteten Mitteleinsatz in Verbindung mit der mittelfristigen Finanzplanung Kontinuität und Verlässlichkeit, die gerade im Bereich der Strukturpolitik von herausragender Bedeutung ist. Es liegt im Verfassungsauftrag des Bundes, für gleichwertige Lebensverhältnisse zu sorgen. Dazu gehört auch eine Teilhabe aller Regionen an einer regionale Disparitäten ausgleichenden Strukturpolitik.

- Das Instrumentarium der konkurrierenden Gesetzgebung ist nicht in der Lage, den Anforderungen an eine integrierte Entwicklung des ländlichen Raums gerecht zu werden. Eine entsprechende Förderpolitik ist ordnungspolitisch durch Gesetze nicht nur schwerfällig und bürokratisch, sondern schlicht nicht möglich. Der Bund verfügt weder über den notwendigen Verwaltungsapparat noch über die örtlichen Detailkenntnisse. Es liegt auch nicht im Interesse des Bundes, den Ländern ohne Not Kernbereiche ihrer bisherigen Zuständigkeiten zu nehmen. Infrastrukturplanung ist dadurch gekennzeichnet, dass die Maßnahmen miteinander verflochten sind und ihre Abstimmung mit anderen Bereichen, die sich in der Verwaltung der Länder befinden, notwendig ist. Die Inanspruchnahme von Landesbehörden zur Durchführung von Bundesgesetzen erfordert wiederum ein über den Bundesrat herzustellendes Einvernehmen mit den Ländern. Im Ergebnis sind schwerwiegende Abgrenzungsprobleme die Folge, die ein effizientes

Verwaltungshandeln erschweren und eher zu stärkeren Konflikten führen als das derzeitige Instrument der Gemeinschaftsaufgabe.

5. Künftige Herausforderungen:

Das BMVEL verkennt nicht, dass die Durchführung der GAK auch Probleme aufweist:

– Das Verfahren, politische Schwerpunkte im Sinne des Bundes zu verändern, ist zuweilen mühselig, da die Beharrungskräfte der Länder, an einmal fixierten Schwerpunkten festzuhalten, sehr ausgeprägt sind. Daher ist es leichter, neue Förderungsgrundsätze in den Rahmenplan aufzunehmen, als einmal vorhandene Fördertatbestände abzubauen, da die Länder die jeweilige Bundesbeteiligung nur ungern aufgeben. Dies führt tendenziell zu einer ständigen Ausdehnung der Fördertatbestände. Das Ziel einer Konzentration des Förderspektrums ist dabei nur schwer durchzusetzen. Dies führt auf der einen Seite zwar zu einer für Strukturmaßnahmen wichtigen Kontinuität in der Förderung. Auf der anderen Seite besteht aber auch die Gefahr, dass die Gemeinschaftsaufgabe ihr Profil verwässert und Förderangebote beibehalten werden, die eben keine gesamtstaatliche Bedeutung mehr aufweisen. Es gibt jedoch keine Alternative, als das ständige Gespräch mit den Ländern zu suchen und durch Mediation gemeinsame Lösungen auszuhandeln.

– Auf die Funktionsweise der Gemeinschaftsaufgabe als Rahmenregelung in der laufenden Strukturfondsperiode 2000 - 2006 wurde bereits eingegangen. Hier besteht eine Schnittstelle zwischen der europäischen Politik zur Förderung der ländlichen Entwicklung und der nationalen Förderung zur Verbesserung der Agrarstruktur. Die Inhalte der VO (EG) Nr. 1257/1999 und die Gemeinschaftsaufgabe stimmen nicht in allen Förderbereichen überein. Dies führt dazu, dass die Länder in ihren Programmen zahlreiche abweichende bzw. zusätzliche Regelungen treffen müssen. Es ist anzustreben und würde das jeweilige Genehmigungsverfahren erheblich vereinfachen, die Schnittmenge zwischen der EU-Strukturförderung für den ländlichen Raum und der

Gemeinschaftsaufgabe zu vergrößern. Damit könnte die Gemeinschaftsaufgabe zu einem kohärenten Instrument zur Umsetzung der europäischen Agrarstrukturpolitik, mit dem bundespolitisch bedeutsame Schwerpunkte gesetzt werden, ausgebaut werden. Das aufwändige EU-Genehmigungsverfahren für die Programme zur ländlichen Entwicklung könnte dadurch erheblich verschlankt werden. Diese Probleme sind erkannt und BMVEL ist mit den Ländern und Ressorts im Gespräch, die Defizite zu lösen.

6. Fazit

Wenngleich Mischfinanzierungstatbestände nie konfliktfrei sind, so bietet sich jedoch derzeit keine Alternative zur Gemeinschaftsaufgabe. Auch die vom BWV vorgeschlagenen Reformen erweisen sich bei näherer Betrachtung als nicht realisierbar oder nicht problemgerecht.

Die GAK stellt einen bundeseinheitlichen Ordnungsrahmen für die Agrarstrukturförderung der Länder in Bezug auf Fördermaßnahmen, Förderhöchstgrenzen und Fördermodalitäten dar. Dieser Ordnungsrahmen sieht die Gleichbehandlung von strukturschwachen Regionen im regionalen Standortwettbewerb vor und verhindert einen unproduktiven Subventionswettlauf der Länder.

Die GAK stellt sicher, dass die Agrarstrukturförderung systematisch und nach einheitlichen Grundsätzen durchgeführt wird.

Die GAK gewährleistet, dass die strukturpolitischen Interessen der Länder gegenüber der EU gebündelt und koordiniert vertreten werden. In diesem Zusammenhang erfüllt die Gemeinschaftsaufgabe eine wichtige Funktion als Rahmenregelung für die Pläne der Länder zur Förderung der ländlichen Entwicklung.

Die GAK sichert die nationale Kofinanzierung der europäischen Strukturförderung und trägt durch die mittelfristige Finanzplanung zur Stabilisierung der Strukturausgaben bei. Bestehende Probleme und Möglichkeiten zur Weiterentwicklung des Instruments müssen in Kooperation mit den Ländern einer Lösung zugeführt werden.

16.5 Auszug aus der Stellungnahme des Bundesministeriums für Bildung und Forschung vom 28.10.02 (ohne Aktenzeichen)

Die Argumente des BWV „Grundsätze der Subsidiarität, der klaren Verantwortlichkeiten, der Deregulierung und der Verwaltungsvereinfachung" sind bei den weiteren Überlegungen zur künftigen Ausgestaltung des Fördersystems „Gemeinschaftsaufgaben" durchaus gewichtig. Zu bedenken ist allerdings auch, dass Mischfinanzierungen im Bildungs- und Forschungsbereich ein bewährtes und bisher unverzichtbares Instrument sind, um über den Bund gesamtstaatliche Interessen zur Geltung zu bringen. Jüngstes Beispiel dafür sind die - im Sinne gleicher Bildungschancen in Deutschland - gemeinsam von Bund und Ländern zu ziehenden Konsequenzen aus den durch die internationale Vergleichsuntersuchung PISA nochmals dokumentierten Defiziten unseres Schulsystems.

Das BMBF kann und will den Bund-Länder-Beratungen zur Modernisierung der bundessstaatlichen Ordnung nicht vorgreifen. Den zu erwartenden Empfehlungen steht es offen gegenüber, insbesondere mit Blick auf eine mögliche Verbesserung der Bund-Länder-Zusammenarbeit zur Weiterentwicklung unseres Bildungswesens und der deutschen Forschungslandschaft.

16 Anhang: Stellungnahmen der Bundesministerien

16.6 Auszug aus der Stellungnahme des Bundesministeriums für Verkehr, Bau - und Wohnungswesen vom 23.07.02 (Z 24/06.80.26-03/2449/02)

1. Zu Textziffer 9 (Übergreifende Bewertungen und Empfehlungen zu den Gemeinschaftsaufgaben und Finanzhilfen) sowie zu Textziffer 14 (Besondere Bewertungen und Empfehlungen zu den Finanzhilfen „Städtebauförderung" und „Wohnungsbauförderung")

Allgemein ist anzumerken, dass der Bericht über die Querschnittsprüfung die Mischfinanzierung im Bereich der sozialen Wohnraumförderung (bisher sozialer Wohnungsbau) isoliert und nicht in ihrem wohnungspolitischen Gesamtzusammenhang betrachtet. Eine solche Gesamtsicht ist aber für eine Bewertung des Instruments erforderlich. Wohnraum ist nicht nur ein Wirtschaftsgut, sondern auch ein Sozialgut, für dessen Verfügbarkeit der Staat eine Verpflichtung aus dem Sozialstaatsprinzip trägt.

Er wird dieser Verantwortung mit einem Gesamtkonzept und einem breit gefächerten Instrumentarium gerecht, mit dem eine angemessene Wohnraumversorgung der Bevölkerung sichergestellt werden soll. Die soziale Wohnraumförderung ist ein Element hiervon. Zu diesem Gesamtkonzept zählen einerseits Rahmenbedingungen wie z.B. das soziale Wohnraummietrecht mit seinen Kündigungsbeschränkungen und Regelungen zur Miethöhe, das Steuerrecht, andererseits aber auch die direkte Förderung, wie z. B. die Eigenheimzulage, die Investitionszulage, die Wohnungsbauprämie, das Wohngeld und die soziale Wohnraumförderung.

Diese wohnungspolitischen Instrumente stehen in einer Wechselbeziehung zueinander und sind - auch nach ihrem Gewicht - aufeinander abgestimmt. Sie basieren überwiegend darauf, dass Bund und Länder gemeinsam die Finanzierungslasten tragen. Dies gilt für die Eigenheimzulage, die Investitionszulage, das Wohngeld und auch für die soziale Wohnraumförderung. Gravierende Änderungen bei einem Instrument, wozu der Verzicht auf Finanzhilfen des Bundes an die Länder gehören würde, hätte Folgen für die anderen Instrumente und vor allem auch für das Gesamtkonzept.

In Erkenntnis dieser Zusammenhänge ist das Wohnungsbaurecht des Bundes im vergangenen Jahr einer durchgreifenden Reform unterzogen und der soziale Wohnungsbau zu einer sozialen Wohnraumförderung weiterentwickelt worden. Gegenstand der Diskussion über dieses Gesetz war auch die Fortführung der Finanzhilfen an die Länder. Nach Abwägung mit den Gesichtspunkten, die allgemein für einen Verzicht auf Mischfinanzierungstatbestände sprechen, bestand ein breiter Konsens darüber, dass es sich bei der sozialen Wohnraumförderung um eine Aufgabe von gesamtstaatlicher Bedeutung handelt, die die Beteiligung des Bundes in Form von Finanzhilfen erfordert. In § 38 Wohnraumförderungsgesetz (WoFG) ist daher die Gewährung von Finanzhilfen an die Länder für die soziale Wohnraumförderung verankert und eine jährliche Mindestverpflichtung festgelegt worden.

Maßgeblich hierfür war die Überzeugung, dass der Bund über seine Zuständigkeit für Steuerrecht, Mietrecht und sonstige Rahmenbedingungen Verantwortung für die Wohnungspolitik trägt. Mit Finanzhilfen für die soziale Wohnraumförderung kann schnell und flexibel auf Engpässe reagiert und die marktwirtschaftlich ausgerichtete Wohnungspolitik des Bundes sozial flankiert werden.

2. Zu Textziffer 14.1 (Allgemeines):

Bei der Bewertung des verfassungsrechtlichere Rahmens der Bundesfinanzhilfen nach Art. 104a Abs. 4 GG sind nicht nur die in der Rechtsprechung des BVerfG gezogenen Grenzen zu betonen, sondern auch der Umstand, dass das BVerfG in seiner Entscheidung vom 04.03.75 aus der geltenden Verfassungslage eine Verpflichtung des Bundes zur Gewährung von Finanzhilfen hergeleitet hat.

3. Zu Textziffer 14.2 (Einwirkung des Bundes auf Landesaufgaben)

Sie meinen auf Grund der Tatsache, dass der Bund praktisch keinen Einfluss auf die Auswahl der mit den Bundesmitteln geförderten Gebiete und der in diesen Gebieten unterstützten Vorhaben hat, von den Bundesfinanzhilfen zur Städtebauförderung gingen keine erkennbaren Steuerungswirkungen aus. Diese Auffassung ist unzutreffend.

Indem der Bund für bestimmte städtebauliche Aufgaben Finanzhilfen bereit stellt, erreicht er, dass diese städtebaulichen Aufgaben entweder bundesweit oder in allen neuen Ländern angepackt und schrittweise bewältigt werden. Die langjährige Erfahrung zeigt, dass viele Länder von sich aus diesen Aufgaben nicht den Stellenwert bei der Festlegung ihrer finanziellen Ausgaben beimessen würden, der nach der Auffassung des Bundes, aber auch nach der fast ausnahmslos vorherrschenden Auffassung der Länder, der Fachwelt und der Wissenschaft geboten ist. Dabei spielt eine Rolle, dass Investitionen in die städtebauliche Struktur häufig zu kurz kommen, wenn finanzielle Engpässe bestehen. Denn es gehört zum Wesen städtebaulicher Fehlentwicklungen, dass sie nicht sofort zu Nachteilen führen, sondern nur mit Verzögerung und schrittweise. Deshalb reagieren häufig nur wenige Länder, nämlich in der Regel die finanziell besser gestellten, mit der erforderlichen Zügigkeit und Nachdrücklichkeit auf städtebauliche Herausforderungen. Der Bund „verstärkt" somit nicht nur die Ausgabemittel der Länder, sondern nimmt durch die Förderung seine gesamtstaatliche Verantwortung für den Städtebau wahr. Das hat sich zuletzt in Bezug auf die Stadtteile mit besonderem Entwicklungsbedarf sowohl in den alten als auch in den neuen Ländern gezeigt und darüber hinaus bei der Bewältigung der städtebaulichen Folgen des wohnungswirtschaftlichen Strukturwandels in den neuen Ländern. Würde sich der Bund, wie im Bericht vorgeschlagen, aus der finanziellen Unterstützung solcher Aufgaben zurückziehen, drohten sich in den Städten soziale Brennpunkte zu verschärfen und - wie jetzt infolge des Wohnungsleerstands in den neuen Ländern - neue Missstände zu entwickeln, die zu zusätzlicher Abwanderung aus den betroffenen Kommunen führten. Solche Fehlentwicklungen wären nicht nur dem in der Verfassung vorgegebenen Ziel gleichwertiger Lebensverhältnisse abträglich, sie würden auch das gesamtwirtschaftliche Gleichgewicht sowie den sozialen Frieden stören.

Die vom Bund in Auftrag gegebenen Wirkungsanalysen bestätigen diese Auffassung. Denn aus ihnen ergibt sich, dass in der Regel erst die Finanzhilfen des Bundes dazu führen, dass bestimmte städtebauliche Investitionen in allen Ländern in Gang kommen.

Die Leitfunktion des Bundes wird auch daran deutlich, dass die Landesmittel sofort zurückgehen, sobald der Bund seine Finanzhilfen mindert, weil immer weniger Länder von sich aus über die Komplementierung der Bundesfinanzhilfen hinaus eigene Mittel für Aufgaben der Stadtentwicklung bereit stellen. Das zeigt zum Beispiel der drastische Rückgang auch der Landesmittel in den alten Ländern nach der Wiedervereinigung.

Die Tatsache, dass der Bund keinen unmittelbaren Einfluss auf die geförderten Einzelmaßnahmen und Vorhaben hat, ist dagegen nicht von Belang. Damit trägt der Bund entsprechend dem föderalen Subsidiaritätsprinzip der Planungs- und Gestaltungsfreiheit der Länder Rechnung. Die Erfahrung zeigt im Übrigen, dass die Länder und Kommunen, wenn ihnen die erforderlichen Mittel zur Verfügung stehen, diese sinnvoll und in einer Weise einsetzen, die den sachlich gebotenen Prioritäten gerecht wird. Die Tatsache, dass die Mittel begrenzt sind und deshalb nicht ausreichen, alles Wünschenswerte abzudecken, zwingt sowohl die Länder, strenge Maßstäbe bei der Auswahl der geförderten Gemeinden anzulegen, als auch die Kommunen, sorgfältig zu überlegen, wofür sie die Mittel verwenden. Hinzu kommt, dass der Bund in der Verwaltungsvereinbarung vorschreibt, dass dem Einsatz von Städtebauförderungsmitteln eine sorgfältige Planung vorauszugehen hat. Diese Vorgabe wurde noch einmal deutlich für den neuen Programmbereich Stadtumbau Ost herausgestellt. Dort sind die Kommunen nach der Verwaltungsvereinbarung gehalten, ein umfassendes integriertes Stadtentwicklungskonzept zu erarbeiten, das festlegt, wie beim Stadtumbau vorgegangen werden soll. Bei der Erarbeitung dieser Stadtentwicklungskonzepte sollen die Städte und Gemeinden ihre bisherigen Handlungsstrategien noch einmal überdenken, d. h. auch in Frage stellen. Um die Zielgenauigkeit der Förderung zu optimieren, hat der Bund für diesen Programmbereich ein neues Instrument eingesetzt, indem er einen Wettbewerb auslobte, der die Erarbeitung von Stadtentwicklungskonzepten unterstützt und besonders gelungene Konzepte auszeichnet.

Die Befürchtung, das Budgetrecht des Parlaments könnte durch die Bundesfinanzhilfen eingeschränkt werden, ist nicht gerechtfertigt. Zum einen legt allein der Haushaltsgesetzgeber des Bundes die Höhe der Bundesfinanzhilfen fest. Zum anderen aber erfährt das Budgetrecht durch die Finanzhilfen sogar einen Zuwachs. Denn der Haushaltsgesetzgeber des Bundes wie der Länder kann mit einem geringen finanziellen Aufwand (der Bund bringt nur einen Teil der gesamten Förderungsmittel auf) erreichen, dass bestimmte Aufgaben angepackt und bewältigt werden. Dass zu den Bundesfinanzhilfen noch Mittel der Länder und Kommunen hinzukommen, wirkt wie ein Hebel und gibt der Entscheidung des Parlaments zusätzliches Gewicht.

4. Zu Textziffer 14.3 (Finanzhilfen als Dauerleistung)

Die Entwicklung der letzten Jahre unterstreicht, dass entgegen der im Bericht vertretenen Auffassung die Höhe der Finanzhilfen zur Städtebauförderung keineswegs starr ist, sondern sich nach dem aktuellen Bedarf richtet. Das beweist zum einen der Start der beiden neuen Programmbereiche "Die soziale Stadt" und "Stadtumbau, Ost". Das wird aber auch daran deutlich, dass der Bund seine Finanzhilfen für die Städtebauförderung in den alten Ländern seit dem Jahr 2001 angehoben hat. Deshalb trifft die Aussage im Bericht nicht zu, die seit Jahren gleich bleibende Höhe der Bundesfinanzhilfen zeige, wie wenig bedarfsorientiert und wie wenig flexibel das System ausgestaltet sei.

Auch die Aussage, die Finanzhilfen hätten sich zu einer starren Dauerleistung des Bundes verfestigt, trifft so nicht zu. Richtig ist, dass sich in den letzten Jahren und Jahrzehnten immer neue städtebauliche Aufgaben in Deutschland gestellt haben. Das zeigen in besonderer Weise die Veränderungen, zu denen die Wiedervereinigung geführt hat. Der Bund trug den dramatischen Anforderungen in den neuen Ländern dadurch Rechnung, dass er den Schwerpunkt seiner Städtebauförderung fast vollständig dorthin verlagerte. Erst in den letzten Jahren kommt eine ansatzweise Umkehr in Gang. Die beträchtlichen Veränderungen, die es bei der Städtebauförderung und damit auch bei den Finanzhilfen des Bundes gegeben hat, werden zusätzlich deutlich, wenn man die Abrisssanierung in der ersten Hälfte der 70er Jahre der behutsamen Stadterneuerung und insbesondere dem Programmbereich "Städtebaulicher Denkmalschutz" gegenüber stellt.

Richtig ist, dass sich in der städtebaulichen Entwicklung immer wieder neue und andere Aufgaben stellen, die sowohl die Leistungsfähigkeit der Kommunen als auch die vieler Länder überfordern und auch vom Zeithorizont für die jeweilige Einzelmaßnahme nur über einen günstigenfalls mittelfristigen Planungs- und Finanzierungszeitraum bewältigt werden können. Dass sich solche städtebaulichen Aufgaben - soweit das heute absehbar ist - auch künftig stellen, ist unbestritten. Der Bundesgesetzgeber hat sich diese Wertung zu eigen gemacht, indem er in das Baugesetzbuch als Dauerrecht § 164b aufgenommen hat, wonach der Bund Finanzhilfen gewähren kann.

Die Ausführungen im Bericht zur Erfolgskontrolle der Bundesfinanzhilfen sind in sich widersprüchlich oder einseitig. Denn der Bericht führt zwar die vom Bund in Auftrag gegebenen Wirkungsanalysen an. Er berücksichtigt aber nicht deren Aussage, dass die mit Fördermitteln angestoßenen Investitionen weitgehend unterblieben wären, wenn es keine Bundesfinanzhilfen gäbe. Auch lässt der Berichtsentwurf das wichtige Ergebnis der Wirkungsanalysen unerwähnt, dass sich die Bundesfinanzhilfen fast vollständig durch höhere Steuereinnahmen und Einsparungen bei den Sozialleistungen refinanzieren. Der Wegfall der Bundesfinanzhilfen würde danach den Bundeshaushalt nicht spürbar entlasten.

Der im Bericht unterbreitete Vorschlag, dass der Bund den Ländern Finanzhilfen ohne die bisherigen Zweckbindungen gewährt und damit die Anknüpfung an städtebauliche Missstände aufgibt, erscheint problematisch. Denn er birgt die Gefahr, dass es zu einer Gießkannenförderung käme, bei der die Kommunen allein nach Maßgabe ihrer Einwohnerzahl gefördert würden, ohne dass auf die tatsächlich im Einzelfall zu bewältigenden Probleme abgestellt wird. Ein solches Vorgehen dürfte deshalb eher zu Mehrausgaben und dazu führen, dass Mittel nicht immer dort eingesetzt werden, wo die Probleme am dringlichsten sind. Umgekehrt hat es beim bisherigen System noch keinen ernsthaften Nachweis dafür gegeben, dass Fördermittel in nennenswertem Umfang nicht zweckentsprechend oder nicht für dringende Aufgaben eingesetzt worden wären. Zusammengefasst ist nach Auflassung meines Hauses ausgehend von den bisherigen Erfahrungen und den praktischen Erfordernissen des Städtebaus der Zeitpunkt noch nicht absehbar, die Bundesfinanzhilfen zur Bewältigung städtebaulicher Probleme einzustellen. Bezüglich Ihrer Feststellungen zur Wohnungsbauförderung besteht Korrekturbedarf. Es trifft nicht zu, dass die Bedarfsentwicklung keinen erkennbaren Einfluss auf das Mittelvolumen habe. Auch fließen die Finanzhilfen für den sozialen Wohnungsbau/ soziale Wohnraumförderung den Ländern (den alten wie den neuen Ländern) nicht seit Jahren in gleich bleibender Höhe zu. Vielmehr hat sich der Verpflichtungsrahmen von Jahr zu Jahr - parallel zu den Entwicklungen an den Wohnungsmärkten- verändert. Auch die Anteile der alten und der neuen Länder am Gesamtvolumen sind nicht starr (s.o.).